名人家风丛书

芝兰玉树生庭阶

——谢安与谢氏家风

名人家风丛书

芝兰玉树生庭阶

——谢安与谢氏家风

从艳姿 著

中原出版传媒集团
大地传媒

大象出版社
·郑州·

图书在版编目(CIP)数据

芝兰玉树生庭阶：谢安与谢氏家风／丛艳姿著.— 郑州：大象出版社，2016.1（2016.4 重印）
（名人家风丛书）
ISBN 978-7-5347-8280-0

Ⅰ.①芝… Ⅱ.①丛… Ⅲ.①家庭道德—中国 ②谢安（320～385）—家族—史料 Ⅳ.①B823.1 ②K820.9

中国版本图书馆 CIP 数据核字(2015)第 019144 号

名人家风丛书
芝兰玉树生庭阶
——谢安与谢氏家风
丛艳姿 著

出 版 人 王刘纯
总 策 划 郑强胜
责任编辑 吴春霞 李婧慧
责任校对 牛志远
封面设计 王莉娟
版式设计 王 敏

出版发行 大象出版社(郑州市开元路 16 号 邮政编码 450044)
发行科 0371-63863551 总编室 0371-65597936
网 址 www.daxiang.cn
印 刷 洛阳和众印刷有限公司
经 销 各地新华书店经销
开 本 890mm×1240mm 1/32
印 张 6.25
字 数 138 千字
版 次 2016 年 4 月第 1 版 2016 年 4 月第 2 次印刷
定 价 28.00 元
若发现印、装质量问题，影响阅读，请与承印厂联系调换。
印厂地址 洛阳市高新区丰华路三号
邮政编码 471003 电话 0379-64606268

总　序

一个人有一个人的气质，一个国家有一个国家的性格。一个家庭在长期的延续过程中，也会形成自己独特的风气。这样一种看不见的风尚习惯、摸不着的精神风貌，以一种隐性的形态存在于特定家庭的日常生活之中，家庭成员的一举手、一投足，无不体现出这样一种习性。这就是家风。

“家风”一词，最早见于西晋著名文学家潘岳的诗中。与潘岳有“双璧”之称的夏侯湛，自恃文才超群，将《诗经》中有目无文的六篇“笙诗”补缀成篇。潘岳为与友人唱和，写作了《家风诗》。在这首诗中，作者通过歌颂祖德、称美自己的家族传统以自勉。

“家风”又称“门风”，这个词语在西晋出现并在随后流行，显然和“士族”“世族”“势族”“大族”“世家大族”成为社会上的统治力量有关。无论是以宗族为根基、以武力为特质的地方豪族，还是以官宦为标志、以文化为表征的名家大姓，他们政治上累世贵显，经济上广占土地，文化上世传家学，垄断了全社会的主要资源。除通过九品中正制和婚姻关系来维护门阀制度之外，他们还自矜门户、标树家风，用以抵御皇权和寒人的侵渔。正因为如此，两晋以后，这个词语渐次流行。从发轫之初，“家风”就往往和“门风”互用。我们可以将它理解为家庭的风气，将它看作一个家庭的传统、一个家庭的文化。

传统作为人类代代相传的行事方式，是从过去延传到现在的事物。没有经过较长时间的过滤和沉淀，就形成不了传统。在《论传统》的作者希尔斯看来，至少要持续三代人，才能成为传统。尽管世代本身的长短不一，但无论是信仰还是行动范式要成为传统，至少需要三代人的两次延传。家风作为特定家庭的传统，是该家庭长时期历史汰选、传统沉淀的结果，是一辈又一辈先人生活的结晶。在历史文献中，“家风”或与“世德”共举，或与“世业”并称，足见家风有别于时尚，而与“世”即很多年代、好几辈子紧密关联。在时间上持续的短暂性是时尚的特征，而家风则是历经延传并持久存在，或者在子孙后代身上一再出现的东西。正是在这个意义上，历史文献中提及“家风”一词，往往蕴含对传统的继承。如比比皆是的“不坠家风”“世守家风”“克绍家风”“世其家风”及“家风克嗣”等，无不体现了这一特点。

有一种观点认为，家风必须是健康的、积极向上的，否则，不能称之为家风。实际上，这只是说者的一种期许、一种渴盼，家风本身并不蕴含这样的意味。否则，“良好家风”就是毫无意义的同义反复。正如“文化”是使民族之间表现出差异性的东西，时时表现着一个民族的自我和特色一样，家风作为家庭的文化和传统，表现的也是一个家庭的气质和风习，反映出一个家庭与其他家庭的不同之处。它完全是一个中性的概念，并不必然具有正面的意义。有的家风可能是勤奋俭朴、为人忠厚、待人有礼，也有的家风可能是狡诈刻薄、游荡为非、跋扈凶横。如同一所学校、一个班级的风习我们称之为学风、班风，而学风有好坏之分，班风有高下之别，并不总是值得弘扬一样，家风同样也有不良的，并不都是传家宝。正因为如此，对家风或门风则就既有称誉，也有贬损。即便是在传统社会，被视为传家久、继世长的，也只有耕读、忠厚、清廉这样一些美好的品质。

的确，家风的特征在前现代、在乡村社会、在大家庭中表现得十分鲜明，格外生动，而在现代城市家庭中却不那么明显。但是，只要一个组织存在，就会有这个组织的文化，特别是这个组织如果有历史的厚重，有传统的积淀，就更是如此。作为家庭的文化，家风是附丽于家庭而存在的，只要有家庭，就会有家风。家风并不必然会因为农村的城市化、大家族被小家庭所取代而丧失，或者说，随着历史的演进，社会情势的变化，家风的具体内容肯定会有变化，但家风仍然会存在。我们可以这样认为，没有家风，本质上也是一种家风。在社会结构和家庭结构都发生了革命性变革的当今社会，人们感叹“家风”的荡然无存，其实是指家庭所秉持的“只耕田，只读书，自然富贵；不欠债，不健讼，何等安宁”这样一些古典原则的式微，是指“耕读两途，读可荣身耕可富；勤俭二字，勤能创业俭能盈”这样一些传统内容的沦落，是“志欲光前，惟是诗书教子；心存裕后，莫如勤俭传家”这样一些旧时理念的散淡，而不是家风本身的消逝。

此外，家风不同于家规。虽然这两个词都与家庭教育相关，但它们有着本质的差异。

家规是家庭或家族中的规矩，是家人所必须遵守的规范或法度，是父祖长辈为后代子孙所制定的立身处世、居家治生的原则和教条。它是借助尊长的权威，加之于子孙族众的又一重道德约束，有的甚至具有法律效力。它有家训、家诫、家仪、家教、家法、家约、家矩、家则、家政、家制等名义，有敬祖宗、睦宗族、教子孙、慎婚嫁、务本业、励勤奋、尚节俭等多方面的内容，是行于口头、针对性强的具体教诫，是见诸家书、目的明确的谆谆训诲，是载诸家谱、可供讽诵的文本规条。家规可以有多种分类，如：根据其表现形式，可以分为教诫活动的家规和文献形式的家规两种；根据内容，则可以分为针对一人一事、起因明确、内容具体、结果显豁的非规范性家规和针对整个人生、涉及方方面面的规范性家规。有的家规，着重家庭子弟的道德修养，教授为人处世要法；有的家规，集中居家治生，以至是祠堂、义庄、学塾等的管理规条。但无论如何，相对于家风，家规一个总的特点是有形的，是可视可见的。

一个家庭的家风有别于这个家庭世代相传的道德准则和处世方法，它是一个家庭的性格特征。虽然它一旦形成，也就成为教化的资源，对家族子弟具有熏染影响、沾溉浸濡的意义，但家风是一种不必刻意教诫或传授，仅仅通过耳濡目染就能获得的精神气质，具有“润物细无声”的作用。历史文献中的“渐渍家风”，就极为生动形象地诠释了这一过程。通俗地说，我们可以把家规看作教化家人的教科书，而家风则是经由长期教化后的结果。

马年春节期间，中央电视台的“家风”系列报道，引起了社会的热烈反响和高度认同。这一报道对于引导人们自觉省思，培植良好的家风，构建和谐的家庭关系，夯实家庭这一社会的堡垒，进而培养全社会的良风美俗，疗治现今社会的乱象，无疑具有积极的意义。正是基于这样一种用心，寻根杂志社主编郑强胜代表大象出版社，约请我主编这套“名人家风丛书”。

由于时间关系，第一辑的十本书都是我的学生编写的，他们有的已经博士毕业，有的还硕士在读，水平不一。尽管我们高度重视这一工作，多次在中心的例会上讨论编写事宜，但由于时间仓促，特别是水平所限，其中肯定会有这样或那样的问题。希望读者诚挚地帮助我们，不吝指教，以便我们把后面的工作做得更好。

北京师范大学国学经典教育研究中心 徐梓

2015年1月

目录

引　言

一千七百多年前，在古中国的大地上，有一个钟鸣鼎食之家、诗礼簪缨之族。它起于曹魏，兴于西晋，盛于东晋，衰于梁，亡于陈，其流风余韵绵延悠悠三百载，谱写了六朝的名士风流。其冠冕之盛，只有第一望族“琅邪王氏”可与之比肩，它就是陈郡阳夏[阳夏：今河南太康]的谢氏家族。

谢氏家族中的子弟皆龙章凤彩，衣冠磊落，或擅于音声，或精通乐器，或长于舞蹈，或钟情诗文，一门几代文采风流，雅士相衔而出，文才相继，不绝于书。子弟中，文韬武略，立下赫赫战功者有之；崇尚自然，开创山水诗派者有之；谱写乐章，修复失传雅音者亦有之。此外，他们在书法、绘画等诸多领域，也都有极高的造诣。令唐代大诗人王勃抱憾自己“非谢家之宝树”的谢氏家族，有着无与伦比的魅力，让无数文人雅士为之折腰，为之倾倒。当我们走近这个家族时，我们惊诧于争荣竞秀的芝兰玉树，何以都尽列谢家之门庭！真是“江左风流属谢家，诸郎如玉女尤佳”！慨叹之外，直想一窥原委。

梁代的袁昂在《古今书评》一书中品评王羲之的书法，将其与谢氏子弟相较：“王右军书如谢家子弟，纵复不端正者，爽爽有一种风气。”谢家子弟普遍具有的这种“气自华”的爽爽之风，或许就是从“耳濡目染，不学以能”的家风中承袭而来的吧。

如果说血缘是谢氏家族一脉相承的纽带，那么，家风可能是维护门第最重要的环扣，它与血脉一起构筑了一条隐而不显、藏而不露的链条，维系了谢氏家族三百年的传承，也濡染了谢氏一族子弟的英姿气概。

应该说，谢氏家风的形成非一人一时之功，而是家族在长期发展过程之中整个家族子弟共同努力的结果。除了必要的承传之外，为了适应时代的发展，他们也摒弃了家风中不合时宜的存在，并因时就势将新的思想、理念注入家风之中。在家族兴起、门楣光耀时，他们同心同德，蹈厉奋发，共同维护家族利益；在家族衰落时，他们不是“自弃暴”，而是“力欲争上游”，以期重振家族。所以，我们很难用一两个词句来完全概括出谢氏家族三百余载的家风内容。

陈郡谢氏家风显露于始祖谢衡，肇始于其子谢鲲，“以儒素显”的谢衡以儒家思想教习子弟，然而时代变迁、战争频发，使得当时儒学式微而玄风日盛，玄学清谈开始成为入列高门世族的必备条件，为了家族可以得列望族之内，谢鲲由“儒”入“玄”，开启狂放不羁的任达家风。这一时期，谢衡、谢鲲父子二人共同奠定了谢氏“内儒外玄”“狂狷放达”的家风形态。

随着家族的发展，谢氏家族之中的子弟开始在朝廷之中握有方镇[方镇：指镇守一方军事区域的军事长官]权柄，谢鲲的子侄谢尚、谢奕和谢万三人都在朝中担任官职，令谢氏家族在东晋的政治舞台上列位一席。这时硝烟落定，社会趋于稳定，朝野在战乱之中得以喘息，谢氏三兄弟在承袭谢鲲的放达不羁的个性外，摒弃了父辈性格中粗犷的气质，开启了“雅士”文化的新篇——谢尚文武兼济，谢奕和谢万都不拘小节、潇洒狂放。这一时期，三兄弟为谢氏家风添加了“清虚淡泊”“与道逍遥”这浓墨重彩的一笔。

谢氏家族的当轴之士——谢安，是使谢氏家风定型的最重要的人物。他的一生分为两个时期：四十岁前，他高卧东山，教习子侄，过着“醉罢弄归月，遥欣稚子迎”的隐逸生活，在与名士聚会中，他时常让子侄相伴左右以聆听学习。此外，他还经常组织家庭内部集会来讲论文义、品读诗书，形成了谢氏家族最核心的“雅道相传”的名士家风。四十岁后，他为门户计，褪隐士之服而佩官印，面对咄咄逼人的对手，谢安将“韬光养晦、隐忍不发”的内敛个性注入家风之中。在隐忍、退避之中，凭借机遇和筹谋，谢氏子弟取得淝水之战的大捷，令谢氏家族登临权力的最高峰。

令人唏嘘的是，为皇室尽忠、为黎元苍生鞠躬尽瘁的谢安由于权柄过盛，而被当时的司马皇室所猜忌和怀疑，为避锋芒，谢安和侄子谢玄几次解职以表心意。这一时期，为求自保的谢氏家族形成了“素退为业、处贵遗权”的自守门风。

天下不平，家国难安，东晋末期至南朝，朝政几经更迭，谋逆、兵变、作乱纷至沓来，生活在这一时期的谢氏家族子弟，面对昨是而今非的荣宠，开始将目光转向山水之间，以求“诗书继世”，重振家族雄威，外在的索求变成内在的修为。至此，谢氏家族的家风在荒野蔓草的乱世之中，开出了繁花。

谢晦在《悲道人》一文中，这样形容自己的家族：

懿华宗之冠冑，固清流而远源。

树文德于庭户，立操学于衡门。

然而，昨天朝笏满床，今日陋室空堂。谁能想到，作诗咏颂家族鼎盛之势的华宗贵胄谢晦，彼时还是被宋武帝托孤的重臣，此时却是囚车之内的一个囚徒，以悲歌自鸣哀音。

乌衣巷口，朱雀桥边，谢府华堂之上的堂前燕，早已飞临百姓的屋檐之下，一如谢氏子弟的山水诗篇，古往今来，依旧摆放在文人墨客的桌案之上，暗自流芳。

第一章 “起”

周宣王　兮甲盘

第一节　虎父“犬”子

西周时期，申伯被周宣王封于谢邑，失掉爵位后，以“谢”为姓，成为谢氏的始祖。当时的申伯不会想到，千余年后他众多子孙中的一脉——陈郡谢氏在当时冠盖如云、门庭赫奕，令祖上重拾荣光。而连陈郡谢氏这一脉的始祖谢衡自己也没有想到的是，身为通诗书、晓礼乐的鸿儒，他身后的子孙却以清谈的玄学闻名于世。如果说“一万年太久”，申伯遥想不了他后世子孙的祸福，那么对谢衡来说，“朝夕”的俯仰之间，竟已是沧海桑田。令他错愕的是，不过短短数十载，天道变了，人道也变了。

陈郡谢氏的始祖

咸熙二年（265年），司马炎承袭了父亲司马昭晋王的爵位，而后逼迫魏元帝曹奂禅位。司马炎登基之后，以“晋”为国号，定都洛阳，是为晋武帝。咸宁五年（279年），他派兵灭吴，统一全国后，又采取一系列的措施发展生产。当时，朝野上下弊绝风清，海内五谷丰登、六畜兴旺，国内呈现一片升平繁荣的景象。立国之初，晋武帝树立以儒治国的理念，所以当时社会崇儒风气很盛，由此在三国混战时期兴起的玄学开始式微，而相继出现了大批儒者。在天下初定之时，这些饱读诗书的儒者通过儒家的思想和治国理念来辅佐晋武帝，建立政治秩序，他们倡导的以德治国、重视教化，对晋初“太康盛世”的形成起了重要的推动作用。谢氏家族的始祖——谢衡便是生活在这一时期的一位大儒。

要说谢衡的父亲，也并非完全湮没于历史的林莽之间不可查考。他的父亲谢缵是曹魏时期的典农中郎将，而遍查史书，关于谢缵的记载只有《晋书》这么一笔，其他典籍均对其只字未提。大概是官阶不高，又没什么特别值得为人称道的功绩，所以谢缵的生平事略已无法详述。由此，陈郡谢氏一族的始祖只得从谢衡算起。不同于父亲，谢衡在史籍中几次被提及，虽然笔墨不多，但吉光片羽中仍旧可以见到一位饱学的儒雅之士。

太康元年（280年），谢衡担任守博士[据《陔余丛考》卷二十六“假守”条：“其官吏试职者则曰守”，“岁满即真”。以此推测，“守博士”应当是博士的试用期，一年期满，转为博士（见《谢鲲年表》）]一职。博士原本是对博识多能者的通称，自汉代设立了太学之后，博士便转为太学的教官，主要从事教学工作，并参与朝政的决策。博士官的担任者原本是由朝廷推举德高望重之人，后来博士的选拔与任用逐渐严格并加以制度化，这种甄选的标准也延续到了魏晋，博士的候选人在品格上要求懿德高风，在学识上要求博古通今。虽然博士的官职不高，但却极受社会的尊重和朝廷的礼遇。

仪礼之辩

太康元年，在一次朝廷会议上，晋武帝和百官们正在讨论一件看似极其细微的事，议题竟是“王昌到底要不要为前母穿丧服”。这一年升任守博士的谢衡也参与了这次论争，百官们争论不休，观点也是针锋相对、难分伯仲，最后晋武帝不得不出面给出决议。令人奇怪的是，王昌只是东平王司马楙的国相，他是否要为前母穿丧服这件事，为何会重要到让皇帝和百官来专门议论呢？

原来，王昌的父亲王毖曾在长沙娶妻生子，后来吴国和魏国发生战乱，王毖因在魏国做官不能返乡，只能和妻子儿女生死相隔。之后王毖又另娶了一位妻子，即王昌的母亲。吴国被灭时，王毖已经去世。王昌得知父亲之前的妻子［王昌称其为“前母”］早已去世，按照礼制，父亲不在世，儿子要为继母穿丧服三年。但是，王昌没有见过前母，前母也不能算作继母，关于前母的丧服礼制，典籍中并没有规定。到底该不该为前母穿丧服？对此他举棋不定。当时，晋武帝确立以儒治国的理念，而倡导慎终追远的儒家最重丧礼。思量之下，左右为难的王昌只得将此事上奏朝廷，呈请皇帝和百官定夺，这也就有了前面的论争。

在这次论争中，百官共有三种意见：一是王昌应该穿三年丧服，应以前母为母；二是王昌不应该穿丧服，理由是礼制上没有这样的规定；三是折中的意见，认为王昌没有见过前母，所以穿一年丧服即可。

论争中的谢衡持第一种意见。他认为，王毖身在乱世，不幸离开父母妻儿为国效力，王毖虽然有两位妻子，但也是事出有因，不算违背道义。而其妻子也能够恪守为妻之道，奉养长辈，教育子女。既然王毖把她当作妻子，儿子也自然应该把她当作母亲，所以，王昌应该为前母穿三年丧服。

比之于同朝官僚，谢衡的论断显得更重情理，在没有礼制规章可以依循的情况下，谢衡不仅能够晓之以理，更能动之以情，对王昌前母的地位加以肯定。作为笃守传统的儒学宗师，谢衡通晓经典，但又不偏执于经典，没有成为“尽信书”的迂腐学究。

见于史籍的有关谢衡的记载，多半都是关于礼仪的讨论。笃于传统的谢衡，由于精通儒学经典，又以儒学为官，逐渐在朝廷之中声名显赫，而被称为“硕儒”。到了晋惠帝元康元年（291年），谢衡的官职先是从守博士升至国子博士，后又被擢升为国子祭酒。

晋武帝时期，朝廷除了兴办传统的太学之外，还创建了一所旨在培养贵族子弟的国子学。创建于咸宁二年（276年）的国子学，是为了满足当时正在兴起的士族阶层的教育特权，以此来严格区别士、庶两个阶层。国子学的设置丰富了当时官学的类型，但是等级也更加明显，它规定只有五品以上官员的子弟才能入学，这种贵族化倾向使朝廷在选拔教师上也格外严苛。咸宁四年（278年），朝廷确定了国子学的学官制度，置国子祭酒、博士各一人，助教十五人，国子祭酒是国子学的“校长”，也是学术地位最高的职位。国子学选拔教师的要求是德行“清淳”、学识“通明”，而对国子学“校长”——国子祭酒的选拔规定则更加苛刻，非当时的国家大儒不能担当，所以史书上称谢衡为“硕儒”也可谓实至名归。

可以想见，这般勤谨为官治学的大儒谢衡，在教育自家子弟时，也一定遵循着儒家的治家理念，用儒士的思想来规范子孙的行为——君臣义、父子亲、夫妇顺。对上，忠君尊王；对外，诚信节义；对内，兄友弟恭；对己，正心修身。以“五常”为道德准则，追求“齐家、治国、平天下”的政治理想，试图在家族中培养如金如锡、如圭如璧的谦谦君子。谢衡作为一代大儒对整个谢氏家族风气的形成起到了十分巨大的作用，绵延十余代的谢氏家族，各子弟之间从未有过较大的矛盾，在发展壮大甚至走向衰落的过程中，家族整体上都一直保持着巨大的凝聚力，家族中的子弟多是父慈子孝、兄友弟恭、夫义妇德。他将儒雅的气质注入了谢氏子弟的血脉之中，任朝代更迭，任岁月流逝，这种气质却历久弥新，从未更改。

只是他怎么也没有想到，自己一生秉持清正刚直、舍生取义的思想，也竭力践行浩然正气的君子之道，但他的儿子——谢鲲被人津津乐道的，竟然是因为调戏邻家女儿被打掉了牙齿一事。面对这个“不肖子”，谢衡或许有着太多的错愕和不解。但是，更令谢衡想不到的是，弹指一挥间，天道早已不再是他一生为之坚守的“孔孟之道”了，先贤苦心建立的“礼仪之邦”也将分崩离析。

“八王之乱”后崛起的新出门户

昌明的盛世和淳朴的民风，往往需要几代圣主和先贤的奉行与值守，才能渐成风气蔓延开来。相比于建立，国家的破溃与衰亡，就显得过于容易了，一场内乱、一次战争就足以改变。历史总是这样，它一面摧残，又一面成全，一将功成万骨枯，废墟之上又起高楼。

虽然谢衡在国子祭酒之后，又迁任太子少傅[太子少傅：也称少傅，是辅导太子的官，相传殷、周已置]和散骑常侍[散骑常侍：三国魏始置，是汉代散骑（皇帝的骑从）和中常侍的合称，是在皇帝左右规谏过失，以备顾问的官职]这类皇帝身边的近职，但毕竟祖上并不显达，朝中又没有同族之人相互照应，势单力孤，很难长久保持家族的兴盛。

魏晋以来，士族阶层逐渐形成，士族中的子弟世代为官，维系家族的繁盛，继而成为名门望族。跻身朝堂之上的谢衡及其子孙，为了家族的发展自然也有成为士族的愿望。然而，旧有士族为了稳定自己的地位，必定会自筑壁垒以对抗新出门户。而新出门户要想获得立锥之地，必须因时而动、顺势而为以寻取机会。谢氏家族跻身士族之列的“时”和“势”，与“八王之乱”不无关系。

“八王之乱”

晋武帝司马炎把曹魏的灭亡归结为皇族子弟没有充分掌权，发生战乱时导致皇室孤立无援。为了巩固政权，他即位后便开始大肆分封同族子弟，前后共封二十七位诸侯王。

晋武帝临终时，任命杨皇后的父亲杨俊和汝南王司马亮来共同辅佐新帝掌管朝政。但新帝晋惠帝司马衷是个低能儿，杨俊便利用权谋排挤了汝南王司马亮，开始独揽大权。为了阻止皇权旁落，晋惠帝的皇后贾南风暗中联合汝南王司马亮和楚王司马玮，杀掉了杨俊。贾后又利用汝南王和楚王之间的矛盾，派楚王将汝南王杀死。最后，贾后又把矛头指向了楚王，她以楚王伪造诏书和擅自杀害汝南王两条罪状将楚王治了死罪。在扫平一切障碍之后，贾后开始独执晋朝的权杖。贾后掌权的七八年间，专横跋扈，为所欲为。当时，贾后看到淑妃的儿子——太子司马遹一天天长大，很是不安，便设法废掉了太子，但她仍旧不肯善罢甘休，又派人下毒害死太子。赵王司马伦利用朝廷对贾后不满的情绪和她谋害太子的事实，将贾后杀掉，而后又将晋惠帝软禁起来，自己篡位做了皇帝。

破坏了统治继承规则的赵王让所有皇子和诸侯王都看到了自己继承皇位的可能性，于是，一场又一场争夺皇权的厮杀从洛阳蔓延开来。

参加这场混战的主要有汝南王司马亮、楚王司马玮、赵王司马伦、齐王司马冏、成都王司马颖、河间王司马颙、长沙王司马乂和东海王司马越共八位诸侯王，史称“八王之乱”。

历时十六年（291—306年）的“八王之乱”，不仅令各诸侯王先后败亡，也令大批卷入动乱的名士被杀，民不聊生。更令晋朝雪上加霜的是，在“八王之乱”后期，北方的五个少数民族——匈奴、鲜卑、羯、氐、羌，开始觊觎晋朝的国土。

自东汉以来，中国西部和北部周边的少数民族势力不断发展壮大，开始逐渐向内部迁徙，胡汉文化在交融时不断出现矛盾。到了晋武帝和晋惠帝时期，朝廷对“徙胡于塞外”的奏请没有允准，使得胡人更加肆意妄为。而自武帝太康二年（281年）至惠帝元康元年（291年）的十余年间，人祸之外更有天灾。当时蝗虫、瘟疫、大旱等灾害裹挟着战争朝晋朝大地不断袭来，导致死者无数、尸横遍野。恰在此时，氐人李特又起事作乱，使司马氏政权再次陷入风雨飘摇之中。“八王之乱”时，由于政治的需要，诸王又以胡人为兵，如东海王司马越的弟弟司马腾就起用了鲜卑人，成都王司马颖将部分匈奴人收编帐下。在混战中，胡人对晋朝当时的国力逐渐了如指掌。于是，在“八王之乱”后期，五胡首领纷纷以铁蹄践踏晋朝山河，占领晋朝领土而建立自己的政权。永嘉五年（311年），自称汉帝的匈奴首领刘聪攻破洛阳，俘虏了晋怀帝司马炽，诛杀了太子、宗室、官员、士兵及百姓三万余人，并将晋怀帝杀死。而后，晋怀帝的侄子司马邺在长安登基，即晋愍帝，不出三年，晋愍帝又遭刘聪的俘获和杀害。摇摇欲坠的西晋[晋愍帝死后，晋朝皇室子弟司马睿在南方又建立了司马氏政权，为了区别两个时期，历史上将晋朝分为“西晋”和“东晋”]王朝终于不堪承受这种种重负，伴随晋愍帝一起灭亡了。

连年的征战和天灾，使得西晋国力空虚、民生凋敝，大批被朝廷或八王征召的名士都死于战乱。而被战乱破坏的，除了生命，更有信仰，硝烟四起的杀戮与当时父子、叔侄、兄弟间皇位的争夺使得当时父慈子孝、兄友弟恭的儒学道统全面崩溃。

面对破溃的儒学道统和动荡不安的朝局，当时的士人为了保全性命，不得不寻找世外桃源，以暂避刀锋。一直秉承“入则孔孟，出则老庄”思想的士人，很自然地把目光再次望向了老庄，他们或沉默，或远世，“独欲自全于祸福之间”。社会理想不能实现的士人，开始关注起自然人格来，于是玄学的清谈再次蔚然成风。因这段时间正处于元康年间，所以也被称为“元康玄风”。

那些寻求逃避和解脱的隐士，突破原有的礼教束缚，鄙薄儒学，崇尚老庄，效仿“竹林名士”的乖张行为。这种玄风也影响到了出仕的士人，他们也同样呈现出放浪形骸、性情任达之态，“虽居庙堂之上，然其心无异于山林之中”。当然，这只是当时保全性命的一种无奈之举，因为行为越是放达，名望就会越大，而名望越大，被诛杀的可能也就越小。

伴随着愈演愈烈的狂放不羁和不拘小节的特质，玄学的清谈和放达的行为逐渐被符号化，不仅在士人之中成为一种时尚，更是士人得入名士行列的必要条件。在“八王之乱”渐渐平息之时，愈演愈烈的谈玄之风却无法戛然而止，诸侯王选用士人时仍旧特别注重他们的名气，名气越大则登临权力场的可能也越大。于是，“放达”的特质，逐渐成为士人从“丘壑之间”走向“庙堂之上”的一条蹊径。

西晋之后，玄学开始取代儒学占据意识形态的统治地位，昔日司马氏的立国功臣也开始伴随着这股玄学之风弃儒从玄，甚至就连倡导以儒治国的司马氏对玄学的态度也在逐渐变化。一场自下而上的思想变革来得轰轰烈烈，那些具有前瞻视野的士人清楚，如果不入玄风，就无法成为名士，也就不能继续维持家族显要的地位，一改父辈儒学气质而入玄学是他们声名鹊起的最佳途径，追随名士也是他们跻身朝堂的不二之选。这是时代使然，实现谢氏家族由儒入玄的转变，是谢氏子弟必须做的。

谢氏家风的奠定者

谢鲲，字幼舆，谢衡之子。

谢鲲十岁时，“八王之乱”爆发，生长于乱世，又受元康玄风影响的谢鲲，不同于精通儒学的父亲，他更喜欢《老子》和《易经》。谢鲲言辞通达，见识高远，时常不修边幅，他追随元康名士，列位于当时有名的名士团体——“四友”和“八达”。

在《晋书》里，谢鲲与“竹林七贤”中的阮籍、嵇康、刘伶并列入传。“竹林七贤”“越名教而任自然”的故事俯拾皆是，比如大醉之后睡在邻家卖酒女旁侧的阮籍，在母亲丧礼上吃肉饮酒而后口吐鲜血的嵇康，赤身裸体饮酒放歌的刘伶……可以想见，与他们一起并入史书的谢鲲，其言行举止应该也是一样的任情放达。果不其然，谢鲲最为人津津乐道的是他因调戏邻家女被打掉牙齿的事，这件事甚至成为一个成语而广为流传。

投梭折齿

谢家的邻居高家有个女儿，天生丽质、清丽脱俗。一天，少女在屋内织锦，木梭在机杼上往来不绝。谢鲲路过窗边，看到眼前这个粉汗盈盈的少女，不禁被她淡然悠远的娴静之态所吸引，风流不羁的谢鲲难免言语轻佻、举止轻薄。少女恼羞成怒，随手将手中织锦的梭子朝谢鲲打去，不偏不倚，正好打到他的脸上，一下子就打掉了他两颗牙齿，谢鲲掩面而走。

当时的人听说了这件事都哈哈大笑，还编了歌谣来取笑他：“任达不已，幼舆折齿。”意思是说，任情放达不止啊，幼舆没了牙齿啦。谢鲲听到不以为意，仰天长啸，并说：“没了牙齿，又不会妨碍我唱歌。”

如果说这件事只是人们取笑谢鲲为人轻浮的一点儿茶余饭后的谈资的话，那么被时人和后人倾慕和盛赞的，则是谢鲲的超然物外的高远畅达和他那“宠辱不惊，闲看庭前花开花落；去留无意，漫随天外云卷云舒”的淡泊心怀。

永兴年间（304—306年），正值“八王之乱”之时，嫉恨谢鲲的人给长沙王司马乂进谗言，诬陷谢鲲想要逃跑，于是司马乂下令鞭打他。谢鲲并不辩驳，立即解开衣衫准备领罚，而且没有一点儿忤逆的神色。司马乂见状不觉惊异，又下令放了他。谢鲲就整理好衣衫，同样不见喜色。时任太傅的东海王司马越听说了谢鲲的名气，便召他为属官，但没过多久，谢鲲又因罪被免官。当时的人都为他扼腕叹息，认为到宰府任职不久就被罢黜实在令人惋惜。但是，谢鲲听到这个消息，反而操琴放歌，并不在意。大家无不佩服他的高远畅达、恬静淡泊。

不久之后，司马越再次征召他入府担任参军事[参军事：是军府中重要的幕僚]一职。谢鲲见当时朝野混乱，就以病为由辞官去了豫章[豫章：今江西南昌]，途中经过一个无人居住的亭子便留宿下来。有人告诉谢鲲这个空亭有妖怪，经常有人在此被杀害，谢鲲却不以为意。果然在拂晓之时，恍惚中似有一个穿黄色衣服的人呼唤谢鲲的名字，并要他开门。谢鲲毫无惊惧之色，顺着窗子将那人的肩胛拧断，拿起一看，竟是鹿的胛骨，谢鲲循着血迹将鹿抓住。此后，那座空亭再也没有妖怪出现了。

捕妖捉怪之说，或许是时人倾慕谢鲲的附会之语，又或许是以讹传讹的美丽误会，只是透过这个故事，谢鲲淡然的个性却是愈加鲜明了。因为谢鲲的名气，曾辅佐晋元帝司马睿登基的重臣王敦征召他为长史[长史：各个历史时期此职位的职能不一，总体说来，是辅佐和总理府内事务之职]。当时有“一世龙门”之称的王澄在王敦家里遇到谢鲲时，两人倾盖如故，相谈甚欢，直言“只有谢长史可以和他交谈”，却对王敦不予理会。

谢鲲落拓不羁的畅达心性和放达的性情，不仅为他个人带来了名士的声望，实现了谢氏家族由儒入玄的转变，也为谢氏家族地位的上升提供了可能，同时也开启了整个家族长达三百年的名士家风。自他之后，谢家子弟纵情山水、举杯邀月，除了深深庭院，他们还有了自己的精神家园。

然而，提高家族的名望只是使家族立足于朝堂之上的一个方面，要想稳固家族地位，发展家族门户势力，仅有“浮名”是远远不够的，还必须依靠鄙俗的“事功”。而此“事功”则有赖于儒学之指导。事实上，在魏晋时期虽然玄学一枝独秀，但儒学从未被入仕的士人弃若敝屣。因为他们清楚，儒学的社会效用并不是玄学可以完全替代的。儒家倡导的“齐家、治国、平天下”，正是士族阶层孜孜追求的。要想在朝堂之上立足，仅仅依靠玄学的任达是不能长久的。另外，要维系家族内部的团结和家族的兴盛，也只能依靠儒学的思想来完成。所以，玄学名士从未摒弃儒学，而站在儒家的对立面，他们多是“遵儒者之教，履道家之言”。

谢鲲也是这样，他的佯狂避世、悉心方外并非完全不以世务婴心，也并非完全不以功名为计、宅心方外，他先后跟随长沙王司马乂、东海王司马越，又入王敦的军府供职。在同僚陷入困顿时他仗义执言，在百官道路以目时他进谏如常。他能够审时度势、进退有度，甚至在王敦谋逆之心显露朝野时他亦能直言劝谏，在知道无法劝阻后，他便懈怠政务，经常和当朝的名士们纵酒放歌，才使得家族未受此事牵连。

城狐社鼠

王敦是辅佐晋元帝司马睿的开国元勋，权倾朝野，他自恃功高，渐渐显露不臣之心。司马睿为了掣肘他的权力，起用了刘隗等人。王敦很是不满，打算谋反，他对谢鲲说：“刘隗是个奸邪小人，将来必定威胁社稷江山，我打算清君侧[清君侧：旧谓清除君主身边的亲信坏人。语出

《公羊传·定公十三年》“此逐君侧之恶人”]，匡救主上，挽救时局，你觉得怎么样？”谢鲲回答说：“刘隗的确可恶，但不过是城狐社鼠而已。”王敦听了，生气地说：“你这个庸才，哪里懂得大道理！”于是，王敦把他调到豫章任太守。

城狐社鼠，亦作“社鼠城狐”，比喻依势为奸的人。但是如果清除这些“狐”“鼠”，又势必会伤及“城”“社”，得不偿失。此处是谢鲲劝诫王敦，不能因小失大。

在豫章太守任上，谢鲲为官清正廉明，深受百姓爱戴，最后死于任上。所以说，“大隐隐于朝”才是谢鲲所希冀的事功心态。谢鲲的个性也是放浪之中深藏稳健，没有完全忘情物外，他也一度试图平衡好“丘壑”和“庙堂”之间的关系。然而，两者之间的矛盾却是无法完全调合的，他不得不从中做出有所偏重的选择。就家族而言，使家族完成“由儒入玄”的转变是第一要务，由此，谢氏家族才有登上更大权力舞台的可能。而另一方面，就谢鲲自己而言，他的志趣也是在山林之间更多一些。正如晋明帝司马绍让他与庾亮相比较之时，他回答道：“端坐在庙堂之上，成为百官的表率，我不如庾亮；但是，纵情于丘壑之间，我自认为超过了他。”应该说，谢鲲开启了谢氏家族“外显”的谈玄家风，而谢衡却将“内隐”的儒士风范注入了谢氏子弟的血脉之中，形成了“内儒外玄”“亦儒亦玄”的家风之根基，这大概就是“方外繁花方内开”的真意吧。

然而，家门之盛并非一朝一夕之事，作为新出门户要想迅速立于朝堂受人拥戴，并没有那么简单，在谢鲲时代，谢氏家族也并没有立即扶摇直上，而是仍旧被世家大族所轻视。据载，谢鲲的哥哥，谢衡的另一个儿子——谢裒，当时已官至吏部尚书[吏部尚书：吏部，官署名，掌管全国官吏任免、考课、升降、调动等事务，长官为吏部尚书]，想为他的儿子求娶诸葛恢的小女儿，却一度遭到拒绝。三国时期，诸葛家族功名鼎盛、位高权重，东晋之初，“王葛”并称，是江左[江左：古地区名，长江下游南岸地区。东晋时期，江左是其政治权力中心所在，南朝人专称东晋为江左]最显赫的高门，所以诸葛恢拒绝了当时名望不如自己的谢氏家族的求婚。而在明帝太宁元年（323年），谢鲲去世时，也只能葬在“冢墓相亚，不可识别”的乱石冈。看来，要想不被老派的高门大族轻视，作为新出门户的谢氏家族，还有很长的路要走。但好在谢衡和谢鲲已经为谢氏子弟准备好了一个舞台，后辈们需要做的便是因时就势，建立事功。

谢鲲墓志

第二节　金友玉昆

自谢鲲之后，谢氏家族逐渐在朝野之中有了名气，但是倾注心力于谈玄的谢鲲还未能真正使谢家在庙堂之上站稳脚跟。使陈郡谢氏靠近权力场中心的是谢氏的第三代子孙——谢尚、谢奕、谢万三兄弟，而推波助澜者，除了晋朝的最高统治者外，还有与谢氏家族貌合神离、相互掣肘又相互依存的其他几大门阀士族。这一时期，随着社会的稳定，士人不再以露骨的放达为高，而是更加注重精神上的随意与落拓。比之父辈，谢氏兄弟在个性上更闲适，也更雅致了。此时，谢氏家族的家风除了延续谢鲲的狂放不羁之外，多才多艺的谢氏子弟摒弃了父辈性格中粗鄙放达的气质，并为家族门风注入了雅士的文艺风度。

王、庾才败，桓、谢继起

到了谢鲲的子侄辈，谢氏家族的地位已经比较稳固，发展事功的可能性也比较大了。然而，权力的获得并非朝夕之功，当时朝政的权柄业已被几大门阀士族把持。东晋时期，已经形成了比较稳定的门阀政治格局，大的门阀士族权倾朝野，可与皇权比肩，甚至凌驾于皇权之上，他们的权力自然不容他人分割，所以，谢氏子弟要想分得一二，只能静待时机。当时，门阀士族之中最有势力的莫过于琅邪王氏和颍川庾氏。

（一）琅邪王氏

自古“普天之下，莫非王土；率土之滨，莫非王臣”［语出《诗经·小雅·北山》］，为何到了东晋时期，门阀士族可与至高无上的皇帝平起平坐，甚至长达百年之久？追其原因，不外乎是因为皇权必须要依仗士权才能维系其统治，所以皇权才会甘愿与士权相平衡。这种皇权的变态肇始于琅邪王氏。

琅邪王氏起源于西汉，其世系久远，到魏晋时期，臻于鼎盛。西晋灭亡后，以王敦和王导为首的王氏家族，辅佐司马皇室偏移江左建立东晋政权，他们共同开启了“王与马，共天下”的士族与皇族共治天下、共执权柄的局面，琅邪王氏也因此成为东晋的第一望族。

王与马，共天下

“八王之乱”期间，正是晋惠帝司马衷执政之时。当时，王室权柄几经更迭，痴呆不任事的司马衷被诸王作为傀儡先后挟持。八王混战后期，八王之一的东海王司马越命司马睿镇守下邳。司马睿三代相继被封琅邪王，与琅邪王氏家族交好，尤其与王氏家族中王导关系密切。于是，司马睿委王导以重任，二人共同镇守下邳。

永嘉元年（307年），司马睿受命以安东将军之职都督扬州江南诸军事，他偕王导一起南渡到建康[建康：原为“建邺”，后来因避晋愍帝司马邺的讳，改称“建康”，在今江苏南京]。但是初来乍到的司马睿根基不稳，在西晋皇族中地位和名望也都不高，所以被当时的南方士族所轻视。他在建康居留了一个多月，竟无一人造访，司马睿便与王导商议对策。

彼时，王导的堂兄王敦正担任扬州刺史，王导对王敦说：“琅邪王[司马睿]的仁义德行甚高，却苦于名望不显，现在你威名遍天下，应该有匡扶他的办法吧。”

当时正赶上三月初三的上巳节，王敦、王导二兄弟便趁机为司马睿树立威名大做文章。按照当地的风俗，上巳节时，百姓和官员都要到江边祓禊[祓禊：古代习俗，上巳日到水滨洗濯，以除凶去垢]祈福。这一天，王导让司马睿乘一顶华丽的轿子去江边，左右鸣锣开道，王导、王敦和一些名士骑着高头大马跟在后面，队伍浩浩荡荡，威武异常。纪瞻、顾荣等江南的一些名士见到这个场面后都十分诧异，只见王敦这些有声望的人都亦步亦趋地跟在司马睿的身后，他们自然不敢再怠慢司马睿，于是在道路两旁拜见。后来，顾荣和贺循两位名士也被拉到司马睿帐下为官。自此，司马睿在建康逐渐树立了威望。

后来，晋愍帝留下诏书，让司马睿继承皇位。登基那天，文武百官进宫朝见，司马睿见到王导，便从御座上站了起来，拉着王导，要他一起接受百官的朝拜。王导大为意外，连连推却说：“万物岂能与太阳争辉啊。”

虽然王导没有接受司马睿的盛情，但司马睿即位后，王敦外握兵权，王导内控朝政，琅邪王氏的族中子弟也无一不列位高官。于是，“王与马，共天下”的说法便在民间蔓延开来。

随着政权的日益稳固，司马睿开始对日益骄纵的王敦起了防范之心，而手握重兵的王敦此时也确有篡逆之意，司马睿不甘大权旁落，于是起用刘隗和刁协来抑制王氏的权力，并开始部署刘隗和戴渊统兵防御王敦。在谢鲲劝诫无果后，永昌元年（322年），王敦以“清君侧”为名讨伐刘隗，发动叛乱。王敦领兵挥进，直逼石头城[石头城：在今江苏南京清凉山，是建康的军事重镇]，司马睿溃败。王敦趁势改易百官，任人唯亲，司马睿忧愤而终。王敦又趁乱再次发兵，新即位的晋明帝司马绍命温峤[温峤：字太真，晋明帝时任中书令（掌传宣诏命），曾抗击刘聪、石勒，与庾亮平定王敦后，又灭苏峻和祖约之乱]和庾亮平乱，大获全胜。面对王敦的第二次叛乱，王导审时度势，他大义灭亲，亲自参加平乱，使得他这一支子孙得以保全。但是这次叛乱仍旧对琅邪王氏影响很大，整个王氏家族的地位迅速下降。

太宁三年（325年），晋明帝司马绍去世，年幼的晋成帝司马衍即位，庾太后临朝摄政，以外戚庾亮为代表的颍川庾氏家族，迅速成为朝廷权力的中枢。

（二）颍川庾氏

颍川庾氏兴起于魏晋之间。庾氏原本并非高门望族，先祖庾乘在魏时，只是襄城的一个县令，后面的子弟一直官位不显，直至庾琛、庾亮两父子被司马睿征召府内才有机会进入朝堂之上。

晋明帝司马绍在平叛王敦之变时，封庾亮为左卫将军。战乱平息，瘐亮立下战功，被封为永昌县开国公[公：古代爵位名，是五等爵（公、侯、伯、子、男）的第一等]，而后，转任护国将军。庾亮的妹妹为晋明帝之妃，后来成为皇后，凭借这层姻亲关系以及平乱之功，庾氏家族迅速崛起。

晋明帝病重时，命庾亮、王导和南顿王司马宗一起辅佐幼主。年幼的晋成帝司马衍即位后，庾亮之妹庾太后摄政，一切政事皆由庾亮决策定夺，庾氏家族开始大权独揽。此时，庾氏既为外戚又是士族，为了维护两方面的利益，不得不与各方势力周旋。当时，皇族宗室、礼法旧门、流民统帅之间的矛盾都反复交替出现，使庾氏家族应接不暇。

作为一个利益团体，门阀士族在发展过程中，他们之间既有对抗也有协作，在维护自己家族利益时，自然都以自家利益为上。然而，在抗衡皇族、宗族等势力时，他们会偕同其他门阀家族共同维护门阀的整体权力。所以，在东晋时期不难看到，当一个旧的门阀衰落时，面对不得不接受的新的门阀士族，他们采取的举措往往是提携，甚至是相依附。琅邪王氏衰落后，王导就与庾亮积极配合，解决门阀士族受到的权力威胁。

晋明帝时，南顿王司马宗和虞胤都得到重用，二人结为党羽，内掌禁军，外握兵权，对庾亮等朝臣轻视怠慢，庾亮心生怨恨，故而在晋明帝病危时，他与王导一起趁乱夺取了司马宗的兵权。权臣独揽大权使得皇权旁落，自然引发皇族的不满，双方矛盾激化，司马宗本欲密谋废掉庾亮，不料被庾亮先下手为强，在没有禀告晋成帝司马衍的情况下，他擅自将司马宗诛杀。

庾、王合力使皇权屈服之后，却并没有换来朝堂的安宁。庾亮实行的激进政策，使得流民统帅苏峻举兵叛乱。永嘉之乱时，司马睿曾携大批北方名士南渡，与之同时南渡的还有苏峻统领的大批北方流民。王敦之乱发生时，苏峻也奉诏带领流民武装参与平叛，事成后，苏峻官封冠军将军、历阳[历阳：今安徽和县]内史[内史：西汉初各诸侯国设立内史一职，掌管民政]等职。庾亮认为恃功而骄的苏峻手掌大批流民兵权，势必会对朝廷造成威胁，所以欲将之剿灭。虽然王导等朝臣皆认为当时除掉苏峻并不稳妥，但庾亮态度坚决，仍旧一意孤行。苏峻不得已而于咸和二年（327年）与祖约[祖约：晋代名将祖逖之弟，后被石勒所杀]结盟起兵造反，攻入建康后，开始大肆杀掠。咸和四年（329年），苏峻被温峤和陶侃领兵平定。

由于考虑不周，致使苏峻叛乱，朝野都受到重创，庾亮只得引咎出都，迁至芜湖。虽如此，庾氏家族却并未放弃对朝廷权力的把持，而是进一步以芜湖为据点，开始与以王导和王允之[王允之：王导的侄子]为首的琅邪王氏争夺江州的权力，以扩大势力。两个士族对江州的争夺，也使江州的权柄几次易主。但随着王允之的去世，琅邪王氏一族再无竞逐权力的当轴士人了，族中也再无子弟染指军权，王氏后来也仅靠祖宗余荫庇护而得以发展，但实权是再也没有了。至此，颍川庾氏再次扩充了自己的地盘，控制了江州及长江上游的全部地境。

当时，北方政权后赵君主石勒去世，庾亮认为恢复中原的时机已到，便开始跃跃欲试进行北伐。他调兵遣将之后，自己统率十万大军挥师襄阳石头城，然而，完成部署后，他的北伐计划却遭到了群臣的反对，于是庾氏的第一次北伐便被扼杀在摇篮中。不久之后，庾亮忧愤而终。

庾亮死后，他的弟弟庾翼继承庾亮的北伐事业，虽然群臣仍旧反对，但是却得到了晋康帝司马岳的支持，司马岳又派庾翼的哥哥庾冰统兵支援。不料首战即失利，大军于丹水败北而归，而后晋康帝和庾冰都相继去世，庾翼也染病身亡，庾氏的第二次北伐也以失败告终了。两次北伐的失利和两兄弟的离世，使得庾氏家族声望剧损，而族中子弟又后继无人，没办法接续庾亮等人苦心经营的权力场，这更加加快了庾氏丧失晋室权力的速度。

（三）谯郡桓氏与陈郡谢氏

咸康五年和六年（339年、340年），权臣王导、庾亮相继去世，以二人为代表的琅邪王氏和颍川庾氏都走向衰落。几年之后，晋成帝司马衍和晋康帝司马岳也相继离世，东晋朝政的权力结构发生了重大变化，各方力量被重新调整。谢氏家族就在这个际遇中得到了难得的上升机会，因为此时的太后褚蒜子正是谢鲲的外孙女。但是，比陈郡谢氏家族更早抓住这个上升机遇的，却是谯郡桓氏家族。

桓氏家族出自谯郡龙亢，原是齐人，为齐桓公的后裔，是东汉大儒桓荣之后。到了东晋，桓荣的第九世孙——桓彝亦由儒入玄，与谢鲲等名士一同列位“江左八达”，而后经庾亮举荐，官任吏部郎。

桓彝在平叛王敦之乱时积极应对，晋明帝擢升他为散骑常侍，又因平乱有功，被封为万宁县男。而后，桓彝任宣城[宣城：今安徽宣城]内史，在他的治辖之下，宣城一改往日荒芜景象，渐入安定的局面，但好景不长，苏峻叛变，天下大乱，桓彝领兵前去保卫京师，不想被叛军杀害。苏峻叛乱被温峤、陶侃平定后，桓彝被追封为廷尉。桓彝的立功受爵提高了家族的地位，因苏峻叛变的死节也进一步提升了家族的影响，为桓氏子弟进入权力中心打下了基础。

在琅邪王氏家族势力衰落之时，桓氏家族作为制衡庾氏的力量开始借势而起。庾翼临终前打算让他的儿子庾爰接掌江南门户——荆州[荆州：古代“九州”之一，其治所屡迁，东晋的荆州定治江陵（今荆州市荆州区）]，但是，庾翼并没有如愿以偿，他病死之后，受何充推荐，朝廷任命桓彝之子桓温接替庾翼任都督荆梁四州诸军事[诸军事：相当于都督一职，在魏晋南北朝时期，也称“都督中外诸军事”，是军事长官或领兵将帅]，镇守荆州，被封为荆州刺史、安西将军、领护南蛮校尉[校尉：汉代时军职，略次于将军，汉代以后，是管理少数民族地区的长官，亦称校尉者]。桓氏家族在朝中无族党相援，根基尚浅，所以不论是王、庾家族还是皇室，都愿意让他们填补长江上游的方镇之缺。自桓温接手庾氏兄弟在长江上游的势力范围起，桓氏家族开始有机会进入东晋的权力中心。庾亮兄弟去世后，桓温以庾氏家族经营的长江上游势力范围为根基而崛起，并驱逐了庾氏家族的势力。

桓氏一族的兴起，同样引起了司马皇室的不安与警惕，这既有司马家族自己篡夺魏氏政权在前之例，也有王敦谋逆、苏峻作乱的余温未消之忧。于是，司马皇室开始筹谋平衡桓氏家族的权力。他们遍选当朝的名门望族，首先自然是王氏家族，但前有王敦之乱，决不能再贸然授以兵权；而庾氏家族引来了苏峻之乱，而且人才凋敝，也再难起用；最后，皇室的目光落向了两个新兴家族——来自陈郡的殷氏和谢氏。然而，在后来的权力竞争中，以殷浩为代表的殷氏家族不堪重任，很快就被桓温剔除在朝堂之外。而由于陈郡谢氏族中有子弟与桓温交好，又得到当朝摄政褚太后的垂青，所以得以留存势力继续与桓氏家族抗衡。

力挺谢氏家族的褚太后曾三次摄政，她的母亲谢真石是谢鲲之女。明帝太宁二年（324年），褚蒜子生于官宦世家，父亲褚裒官拜卫将军、徐兖二州刺史，褚蒜子少时聪敏，因良好的家世背景被选为琅邪王司马岳的妃子。咸康八年（342年），司马岳即位，是为晋康帝，同年立褚蒜子为皇后。次年，褚蒜子生下司马聃。建元二年（344年），刚刚登基两年的司马岳就去世了，年仅两岁的司马聃即位，尊褚蒜子为皇太后。因皇子年幼无法执掌国政，褚蒜子接受了领司徒蔡谟等人“临朝摄政”的奏章。

比之几大士族剑拔弩张的争夺，谢氏三兄弟的兵权似乎来得相对容易一些，褚太后摄政的同年，朝廷便下诏委任谢氏子弟以重要官职，本不谙于军旅之职的谢氏三兄弟开始了自己的戎马生涯。

一个镇西将军

谢尚，字仁祖，谢衡之孙，谢鲲之子。被祖父和父亲两种不同气质浸染的谢尚同时兼具儒、玄两种风采。

谢尚幼时聪慧，八岁时，谢尚跟父亲送客，有人见谢尚举止稳重，称赞他“是满座之人中的颜回”，谢尚答道：“孔子不在座，怎么知道谁是颜回呢？”宾客们听他出语不凡，都觉得这个孩子很不简单。十多岁时，父亲谢鲲去世，他哭得极为悲恸，温峤看到了便宽慰他，问答之间，温峤也觉得这孩子不一般。长大之后，谢尚承袭了父亲咸亭侯的爵位。他的性格也延续了父亲的豁达直率和不拘小节。

谢尚本喜欢穿饰有花纹的裤子，叔父们劝导他穿衣不可这样浮夸，他立即就改掉了这个习惯。当时的司徒［司徒：“司”有掌管之意，“司徒”在金文中也作“司土”，即掌管土地和人民的官职，也称“丞相”“大丞相”“相国”

等，多由权臣担任]王导很喜欢他，常常把谢尚比作先人王戎[王戎：西晋琅邪临沂（今山东临沂市北）人，字濬冲，好清谈，是“竹林七贤”之一]，叫他“小安丰”，还把他征召为自己的属官。

谢尚多才多艺，工于书法，跟父亲一样喜欢谈玄，并精通音律。他还很喜欢演奏乐器，尤其擅长风靡当时的鸲鹆舞[鸲鹆：俗称八哥]。

鸲鹆舞

一次，谢尚去往司徒王导的府上，恰逢王府宾朋满座，王导对谢尚说：“听说你会跳‘鸲鹆舞’，不知我与在座诸位能否有幸一观。”谢尚听罢，点头称是，旋即换好衣衫，顷刻舞来。谢尚模仿八哥惟妙惟肖，神形兼备，他舞姿优美，衣袂飘飘，在场之人皆目不转睛。王导又命其他人一起为他击打节拍，谢尚蹈之舞之，直至曲终，都宛若无人在侧。

鸲鹆舞，也称“鸜鹆舞”，是晋代的舞蹈，舞蹈模拟鸲鹆的动作。《鸜鹆舞赋》中这样描述舞者：“正色洋洋，欲若飞翔。避席俯伛，抠衣颉颃。宛修襟而乍疑雌伏，赴繁节而忽若鹰扬。”

祖父身上的儒士气质，在谢尚身上也有很明显的体现，当时因战乱而与父母离别的人非常多，有人议论说，为官事君王、婚姻延续子嗣都是大事，不应该因为与父母离别就断然不去做。听了这样的议论，谢尚说：“至亲离别的痛苦，无以复加。因身体不适造成的小病痛尚且影响视听，更何况至忧之下，方寸之心已乱，怎么还能处理朝中事务呢？有良知的人也决不会因贪图荣耀而谋求功名。果真如议论那样行事，只会增长流弊之风。那些隐逸之人尚且还要他们守志不改，这些含悲忍痛的人，怎么还能勉励他们谋取富贵呢？”

令人想不到的是，亦儒亦玄、重衣饰、多才艺的谢尚却度过了戎马一生。他从原本的文官职“给事黄门侍郎”[给事黄门侍郎：亦称“黄门侍郎”，是中朝官员，侍从皇帝，顾问应对，出则陪乘，多以外戚、重臣为之]出外就任建武将军、历阳太守，后转任督江夏、义阳、随[随：西周时期被分封的诸侯国，今湖北随州]三郡军事。虽然谢尚是文官出身，却也不是手无缚鸡之力的文弱书生，他不仅善于射箭，而且也得到了将士们的拥戴。

谢尚在担任建武将军时，曾多次和镇守武昌的安西将军庾翼一起商议军机要事。一次，二人议政之后在一起射箭，庾翼知道谢尚喜好音乐，便对谢尚说：“如果你能射中，我就把军中的鼓吹乐[鼓吹乐：是古代的一种器乐合奏，也称“鼓吹”，乐器包括鼓、钲、箫、笳等。鼓吹源于北狄，战时用以壮声威，后来逐渐用于朝廷演奏]作为奖赏赠予你。”话音刚落，谢尚举臂搭弓，抬手出箭，箭头正中靶心，庾翼啧啧赞叹，而后便把军中的鼓吹乐送给了谢尚。谢尚为官清正不阿且体恤属下，到军中赴任时，郡府用四十匹布给他做了帐子，谢尚为了安抚士兵，把帐子改成了衣服给他们穿，获得了属下的敬服。

建元二年（344年），褚太后摄政，谢氏家族开始真正迎来自己的发展契机。褚太后摄政之初，朝廷便下诏升任褚太后的舅舅谢尚为南中郎将[中郎将：统兵将领，秦始置]。庾冰去世后，朝廷本想让他与庾氏争夺江州，命他督豫州[豫州：古代“九州”之一，东晋、南朝时治所最北在悬瓠城（今河南汝南），最南在邾城（今湖北黄冈市西北），地处中原冲要，是东晋、南北朝时军事重地。因为战事频发，豫州的治所也不断变化]四郡，领江州刺史，但是遭到了庾氏的反对，后改任西中郎将，督扬州六郡，任豫州刺史。自此之后的十四年（346—359年），谢氏子弟一直在豫州发展家族的势力，不仅树立了家族的声望，更增加了谢氏家族的实力。

为了制衡日益强盛的桓氏家族，褚太后之父褚裒又推荐了当时名望极高的殷浩为建武将军、扬州刺史。但桓氏家族的强大之势已如破竹，不可阻挡，桓温领兵与成汉交兵，捷报频传，而后，桓温又开始积极经营北伐事业。朝廷害怕桓氏家族军功过盛难以钳制，于是命殷浩北伐，谢尚任副将，随殷浩一起进兵中原。

当时，谢尚率军进攻寿春，由于未能安抚好前秦降将张遇，致使恼羞成怒的张遇踞许昌反叛，谢尚领兵征讨，不想却被张遇打败，损兵一万余人。谢尚被交廷尉法办，褚太后特旨降谢尚为建威将军。而后，谢尚戴罪立功，在邺城得了传国玉玺，护送回京都，又重整军队，派冠军将军王侠击败前秦将领杨平，攻下许昌。朝廷对此大肆封赏，赐轺车、鼓吹乐，命其戍守石头城。

永和九年（353年），谢尚官拜尚书仆射[尚书仆射：尚书和仆射都是官职。尚书，战国秦、齐等始置，为管理文书的小吏，魏、晋、南北朝出为朝官，分掌尚书省诸曹，品秩提高。仆射，凡侍中、尚书、博士等都设有仆射，依所领职事为称号，意即其首长]，外任都督江西淮南诸军事、前将军、豫州刺史等外职不变，又加任都督豫州、扬州等五郡军事，节镇[节镇：指节度、观察等使及设置节度使的要冲大郡]历阳。而后又留任京都，总理仆射之职，晋封“镇西将军”。

在军旅生涯中，谢尚赋闲时不忘初心，开始恢复晋朝时期的太乐。太乐是朝廷在各典礼仪式上演奏的音乐。西晋末年，战乱频发，朝廷太乐被破坏殆尽，乐器和乐工都散落民间，谢尚便命人寻访乐者，并于牛渚之地采石制作石磬，最终将太乐修缮完备。于是，钟鼓金石之乐又从江左蔓延开来。

除了通音律、擅乐器，谢尚还是一位创作者，他现存的唯一一首完整的诗歌——《大道曲》，是“声依永，律和声”的乐府诗。据《乐府广题》记载，当时谢尚穿着紫罗襦，在闹市中的一座佛国门楼的胡床[胡床：一种可以折叠的轻便坐具]之上安坐，手抱琵琶，理好弦，调好音，即兴创作了一首《大道曲》。

大道曲

青阳二三月，柳青桃复红。

车马不相识，音落黄埃中。

谢尚轻抚琴弦，音色如水倾泻而出，或急或缓，或宛转悠扬，或金石铿锵，一曲毕，袅袅余音绕梁，往来之人皆“沉醉不知归路”，抬眼处，便是这位英姿飒爽的演奏者，谁又能想到此时的他正是赫赫威武的镇西将军呢!

多才多艺的谢尚承袭了父辈潇洒不羁的特质和祖辈的儒士风雅，摒除了任达狂放，为家风注入了清爽的雅致之风。不仅如此，谢尚十余年的戎马生涯，也为谢氏家族的稳定发展立下了汗马功劳。升平元年（357年），五十岁的风雅将军谢尚去世。

一个方外司马

谢奕，字无奕，谢裒之子，谢鲲之侄。

子侄中，承袭谢鲲狂放个性最多的当属侄子谢奕。谢奕生性爱饮酒，时常喝得酩酊大醉，真是“造饮辄尽，期在必醉”。他整天呼朋引伴，把酒言欢，无人陪他畅饮时，就四处寻人，甚至他的阶下之囚也难逃此运。在谢奕担任剡县[剡县：位于今浙江嵊州市]县令的时候，有一位老人犯了罪，谢奕没有依法惩处他，反而拿出酒坛，非要老人喝酒，直至老人喝醉了，还不肯罢休，继续给老人灌酒。当时，谢奕的弟弟谢安只有七八岁，看到哥哥无礼，便劝诫他，谢奕面有愧色，于是将老人释放。

谢奕与桓温是布衣之交，永和元年（345年），桓温刚升任为安西将军、荆州刺史时，便征召谢奕当他的安西司马[司马：相传商代已置，掌管军政、军赋、马政，两晋、南北朝州郡长官多置为幕僚，主军务]。谢奕到荆州赴任以后，还和往常一样不拘礼法。他到桓温那里做客时，冠帽戴得很随便，谈笑吟唱，与平日无异，喝起酒来更是得意忘形，幸而桓温并不在意，还笑称谢奕是他的“方外司马”。

谢奕每每喝酒时，都要拉着桓温作陪，不胜酒力的桓温只能躲避，但总是被谢奕找到，无奈，他只好躲到妻子南康公主那里。南康公主悍妒，桓温很怕他，所以时常不到她那里。此时见到桓温躲过来，她愤愤地说：“要是没有这位狂司马，我哪里见得到你？”桓温只得尴尬地赔笑。

我见犹怜

“我见犹怜”这个典故，便是由南康公主而来，出自南朝刘宋的虞通之《妒记》一书。

桓温灭成汉之后，纳成汉皇帝李势的妹妹为妾。起初，桓温不敢告诉悍妒的妻子南康公主，但还是走漏了风声，公主暴怒，带着刀便向李氏的住处走来。当时，李氏正当窗梳妆，见到公主后，合拢双手，神态闲适，说话也极尽哀怨婉转。公主将刀一丢，上前拉住李氏说："阿子，我见汝亦怜，何况老奴！"从此，南康公主十分善待她。

我见犹怜，后来多用以形容女子的楚楚动人，令人望而生怜。

有时意犹未尽的谢奕找不到桓温，就只好拿着酒跑到桓温的厅堂之上，招来桓温的一个部将继续陪他畅饮，一边喝一边道："走了个老兵[兵：魏晋时期，"兵"的身份低下，是一种带有侮辱意味的称呼]，又来个老兵，有什么不一样的？"但桓温知道谢奕的个性如此，并不怪罪，一笑置之。

升平元年（357年），谢奕的堂兄镇西将军谢尚去世，朝廷不愿将豫州的权柄交由他人，便诏令说：朝廷感念谢尚的德政，其弟谢奕立身和处世都很有素养，必定能够继承谢尚的事业，于是任命谢奕为都督豫司冀并四州军事、安西将军、豫州刺史等。

但谢奕的个性远非朝廷所说的"有素养"。他性情粗暴，倨傲不恭。一次，他因一事与蓝田侯王述不合，便对王述大加指责，言语激愤时甚至开始攻击谩骂起王述来。王述不敢回骂，只好面对墙壁站着，对谢奕不予理会。骂了半天，谢奕觉得无趣，便转身走开了。过了好一会儿，王述轻声问左右的小吏："走了没？"小吏说："走了！"王述这才转过身坐回原处。

就是这样的一位嗜酒如命、行为散漫、个性不羁的方外先生，所幸在任上并无差池，在当了一年的豫州刺史后，于任内逝世，朝廷追封他为镇西将军。谢奕虽然没有为家族的强大建立寸功，但亦无愆尤。在家风上，谢奕承袭父辈的放达，而此时，这种个性亦能被时代所见容。而真正使谢氏家族面临危机的是缺少事功之谋略的任性先生——谢万。

一个任性刺史

谢万，字万石，是谢裒之子，与谢奕是同胞兄弟。

谢万少时知名，工于清谈，擅长撰著文辞，性格同样沿袭了伯父兄长的放荡不羁。谢万曾写过一篇《八贤论》，来陈述渔父和屈原、季主和贾谊等八位隐士和显士，文中以隐逸者为上品，以出仕者为下品。同自己的言论一样，谢万亦以悠游为乐事，刚刚成年之时，便被聘为司徒的属官，后又迁任右西蜀，但都没有去就任。

曾以“清虚寡欲，尤善玄言”而闻名的清谈领袖司马昱，在担任宰相一职时听说了谢万的名气，于是召他做抚军从事中郎[从事中郎：将帅的幕僚]。大概是悠游久了，谢万心生了到朝堂之上玩一玩的兴致，于是答应赴任。就任那天他头戴白色纶巾，身穿仙鹤氅袍，趿拉着一双木屐就去见司马昱，这样的装扮哪里是入府就职，分明是隐者的兴致游玩。喜欢清谈的司马昱见状，并不怪罪，反而对他任性的个性很是欣赏，拉着他相谈甚欢。

“乐嬉游惮拘检”的谢万行为举止也十分放达。一次，谢万乘轿去岳父王述家，到了厅堂门口才下轿，见了王述非但不行礼，反而对着岳父说：“人家都说您傻，看来，此言不虚啊。”王述只得尴尬地辩驳说：

“胡说，只是大器晚成罢了。”

升平二年（358年），谢万的哥哥谢奕仅仅当了一年的豫州刺史就撒手人寰。谢奕原来职位交由谁，成为皇室最关心的问题，当时有人给丞相司马昱推荐桓温的弟弟桓云，司马昱询问王彪之[王彪之：王导的侄子]的意见。王彪之分析了当时的情势说：“桓云未必无才，只是桓温居长江上游，势力已经割天下大半，如果这时由他的弟弟桓云来占据西藩重镇豫州的话，全国兵权将尽归桓家这一门一户，恐怕不是巩固朝廷的好办法。”商议之下，他们仍旧觉得谢家子弟是最适合的人选。于是，擢升时任吴兴太守的谢万为西中郎将，监司、豫、冀、并四州诸军事，兼任豫州刺史。

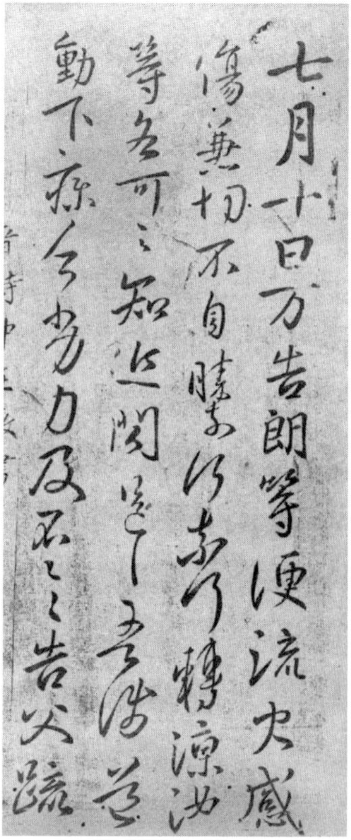

谢万帖

然而，谈笑咏歌、不以事务婴心的谢万，并无统兵作战、攻城略地之能。他骄奢久了，对兵旅生涯并不适应，既不能安抚士兵，生活上又奢华无度。王羲之曾在给谢万的书信中劝诫他说：“所谓的见识渊博，正是能够见机行事。希望你能常与手下的将士处好关系。餐饭简朴，卧具简单，又有什么关系呢？这些都是古人称颂的美德。成功的关键是靠寸功的积累啊。”但是简傲的谢万不听劝告，仍旧我行我素。身为兄长的谢安也放心不下谢万，随他一起赴任豫州。

升平三年（359年），谢万领兵北征，征伐前燕[前燕：十六国之一，337年，鲜卑族首领慕容皝定都龙城（今辽宁朝阳），自称“燕王”，史称“前燕”，皝子慕容儁灭掉冉魏后，迁都蓟（今北京西南），于352年称帝，五年后再迁都邺（今河北临漳西南）]，但他桀骜不驯、自命清高的本性仍旧不减分毫。战前，他仍然是一副名士派头，不知安抚兵将、振奋士气。谢安很担心，于是只得替他慰问和勉励部下，又劝他应该时常和部将多接触，听从了谢安的劝诫，谢万便召集诸将士，想抚慰一番。不料这位平时侃侃而谈的清谈家此时竟一句话也讲不出来，他只好用手中的如意指着在座的将领说：“诸将皆劲卒[卒：隶人给事者为卒（见《说文解字》），同“兵”一样，“卒”也是当时带有贬义色彩的称谓]。”如此一来，非但没有安抚众将士，他的轻慢反而招致了将士们更大的不满。

开战之后，他指挥作战的无能也暴露出来。当时，北中郎将郗昙因病退屯彭城[彭城：今江苏徐州]，谢万以为是前燕兵胜而郗昙败归，于是引军而退，军队溃败，他狼狈地单骑而回。这次溃败致使许昌、颍川、谯、沛等豫州各郡均落入前燕之手，更打乱了皇室的人事部署安排，形成了外藩势力桓氏一门独大的局面，谢万随即被朝廷废黜为庶人，谢氏一族丢掉了经营豫州的权柄。

在谢氏三兄弟这一时期，谢氏家风已经有了明显的雅士文化的倾向，他们在承袭父辈玄风的基础上，摒弃不合时宜的纵情悖礼，并对才艺和文学的精进有了较高的要求，也更加追求精神上的自由和超脱。面对事功，三兄弟虽然表现各有不同，但他们对待建功立业的态度却是一致的，即在纷扰的士族斗争中迅速站稳脚跟，让谢氏一族跻身朝堂之上，只是三人的能力各有殊异。但谢万的被废还是使得谢氏家族陷入岌岌可危的境地：一方面，谢家十几年来积累的豫州势力就此被剥夺；另一方面，谢氏子弟中子侄们尚幼，不足以担纲与桓温抗衡的重任。面对这样的情势，一位一直高卧东山、无志趣染指朝政的谢氏子弟只得出山，救家族于水火之中。

第二章 “升”

《谢安全身像》　（清）上官周《晚笑堂画传》

第一节 东山养望

在谢尚、谢奕和谢万三兄弟先后担任豫州刺史之时，他们的另一位兄弟正高卧会稽东山[会稽东山：在今浙江省，相传夏禹至茅山大会诸侯，计功封爵，改名会稽山，即会计之意]之上。四十岁前，他一直过着“出则渔弋山水，入则言咏属文”的隐逸生活。在兄弟们外出就职期间，他还担负起教育子侄的重任，凭借个人的魅力，通过他的观念和行为影响着整个家族的内部关系，巩固了“雅道相传”的文士家风，形成了谢氏由家族长辈带领晚辈讲论文义的家族聚会模式，这种教育方式使谢氏家风在这一时期得到延续和发展。他就是一世风华的风流宰相——谢安。

“却忆安石风流”

谢安像

谢安，字安石，是谢裒之子，谢万的兄长。

谢安的一生潇洒风流，四十岁前，他高卧东山，志趣高远，超脱物外；四十岁后，他策马淝水，匡扶晋室，名标青史。他“隐”得潇洒，“仕”得漂亮。身处朝堂，他不蒙初心；周旋官场，他不失尊严；成就功业，他不失性情。他把“江湖”和“魏阙”两种生活状态发挥到了极致，度过了令无数文人最为倾慕的一生。

出身名门的谢安，从小便聪颖沉稳，气度不凡。在他四岁时，桓温的父亲桓彝评价他说：“这个孩子风神秀彻，前途不可限量，可与王东海相媲美。”王东海是王承的字，他是当时的名士，曾任东海太守，所以时人称他为“王东海”。王承为政宽厚清明，为人宽宏大度，很受百姓的爱戴。待到谢安稍长一些，他去造访了当时的名士领袖——王濛[王濛：一作王蒙，字仲祖，太原晋阳人，东晋名士，官至司徒左长史]，二人意气相投，相逢恨晚，清谈了许久。谢安离去后，王濛的儿子王脩问他的父亲：“与父亲大人相比，您觉得谢安怎么样？”王濛说：“谢安侃侃而谈，娓娓不倦，言语咄咄逼人，将来一定会有所成就。”因为当时的显贵——桓彝和王导都很喜欢他，与他交往过的名士也给予了他很高的评价，所以谢安年少时的名气就很大。加之谢安多才多艺，擅长行书，酷爱音乐，容貌俊雅，气宇不凡，举止、进退都很有风度，其行为自然受到当时很多人的追捧。

谢安的“粉丝团”

谢安有一位同乡，这位同乡原本是中宿县的县令，被罢官后以经商为业。但由于经营不善，日子过得十分拮据，他一直都很想回到家乡去，却无奈连盘缠都凑不够数。一天，他巧遇谢安，久闻谢安大名的他便请求这位同乡帮忙，谢安问他可有什么能换钱的物件儿，那人说他只有做生意时滞销的五万把蒲葵扇。于是，谢安从扇堆中随手挑了一把，然后终日拿在手中，闲暇时总会把玩一会儿，显得十分喜爱的样子。京城中的官宦和百姓见状，觉得他拿着蒲葵扇的样子十分潇洒，便开始争相购买，使得原本滞销许久的蒲葵扇一时间身价倍增，五万把蒲葵扇很快就被抢购一空。这位同乡不但凑足了返乡的盘缠，还发了一笔小财，然后高高兴兴回家去了。

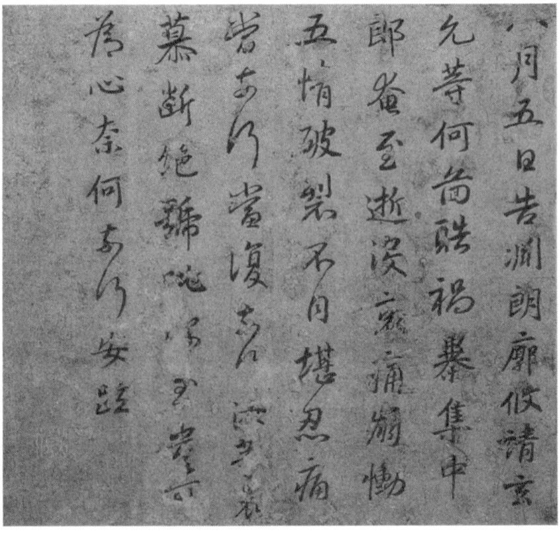

谢安《中郎帖》

谢安的鼻子有炎症，说话时带有浓重的鼻音。他能够用洛阳书生的方言吟诗，这鼻音反倒为他谈诗论赋增添了一点小趣味儿，咏诵时声音浑厚、沉浊，一反清脆悦耳的铿锵语调。当时的名流们极其喜欢，都想效仿，但又苦于没有鼻炎。他们为了声音能与谢安的接近，就只好捂着或捏着鼻子说话和吟诵，这种令人啼笑皆非的举动竟也一时成风。

随着谢安的名气越来越大，很多官宦都想征召谢安入自己的府第辅佐自己。但是不愿心为形役的谢安，同他的叔父谢鲲一样寄意山水，不愿出仕。为了躲避征召，他索性离开建康，盘桓在会稽东山、曹娥江边，直至四十岁，留下了无数浪漫而令人神往的故事。

高卧东山，闲庭信步

出仕前，谢安一直寓居于会稽东山。在顾恺之[顾恺之：字长康，工于诗赋、书法，尤其擅长绘画，时人称之为“三绝”，即画绝、文绝、痴绝]眼里，会稽山是一个“千岩竞秀，万壑争流，草木葱茏其上，若云兴霞蔚”[语出《世说新语·言语》]的所在；而在王羲之眼中，会稽山有“崇山峻岭，茂林修竹，又有清流激湍，映带左右”[语出《兰亭集序》]。总之，会稽山是个逍遥的仙境。谢安就在这仙境一般的东山，偕歌伎[歌伎：在古代，文人或世家大族等都会在府内养一些歌伎，表演唱歌或舞蹈]，赋诗文，把酒盈樽，陶然自乐，踏歌而行。

因为谢安的名气，当时的朝廷对他屡次征召，先是让他入司徒府，接着又任命他担任佐著作郎[佐著作郎：著作郎，三国魏始置，掌编纂国史，下设佐著作郎]。但他都以生病为由推托，不肯出仕，而这样的举动非但没有减损他的名气，反倒使他的名气愈发地大了。时任扬州刺史的庾冰十分仰慕谢安的名望，曾多次命郡县官吏逼迫谢安入府就职。谢安不得已，只好勉强赴任，但是仅一个月有余，他便因受不住枯燥的仕途生活而辞职告归了。除了朝廷的征召，名士们也很积极地推举谢安出仕做官。当时，王羲之对刘惔[刘惔：字真长，东晋著名清谈家，晋明帝之婿]说："我们应该一起推举安石。"刘惔说："如果安石决意在东山隐居，我们就和天下的人共同推举他。"后来，吏部尚书范汪又举荐谢安担任吏部侍郎，他也写信回绝了。当时朝野之间流传一句话，即"安石不肯出，将如苍生何"，意思是说，谢安不肯出来做官，老百姓可怎么办呢？朝廷见他对朝政如此淡漠，屡召不仕，十分生气，便下了一个终身的"禁锢令"，让他永远不得担任朝廷的官员，而他也乐得如此，继续栖留在东山这片乐土。

在东山时，谢安时常和王羲之、许询[许询：字玄度，高阳人，是当时的名士和清谈家，终身不仕，隐居深山]、支道林[支道林：支遁，字道林，东晋的高僧]等名士联袂同游。他们终日纵情山水，时常"引一仆，著两壶"，适意林泉之间，吟咏啸歌、谈诗论赋、畅叙幽情，生活得十分洒脱自在。

"安石泛溟渤，独啸长风还"

一次，谢安和孙绰[孙绰：字兴公，太原中都人，以文才著称，玄言诗的代表作家]等人一同乘船出海。海面波光潋滟，景色十分迷人，大家高谈阔论，一路谈笑风生，弹唱叹咏。突然，乌云蔽日，海面狂风大作，浪高风急，众人大惊失色，顿时乱作一团。再看谢安，他依旧谈笑自若，沉着镇静，真是"泰山崩于前而色不变，麋鹿兴于左而目不瞬"。划船的船工见状，以为谢安正在兴处，不忍拂了谢安的兴致，只得继续向前。

风更加紧了，大家都急切地想返回岸上，但是又都不敢作声，这时，谢安只得对船工说：“这是回去的路吗？”船工听罢，如蒙大赦，急忙原路返回。

李白在《与南陵常赞府游五松山》一诗中，这样记述谢安的淡然与气度：

安石泛溟渤，独啸长风还。

逸韵动海上，高情出人间。

灵异可并迹，澹然与世闲。

……

永和九年（353年）的农历三月初三，在会稽山阴的兰亭，谢安与王羲之、孙绰等四十一位高官、名士举行了一次风雅集会。与会者临流赋诗，各抒才情，成就了“兰亭雅集”的千古佳话和王羲之《兰亭集序》的千古名篇。而谢安也留下了两首诗作：

兰亭诗·其一

伊昔先子，有怀春游。契兹言执，寄傲林丘。

森森连岭，茫茫原畴。迥霄垂雾，凝泉散流。

兰亭诗·其二

相与欣佳节，率尔同褰裳。 薄云罗阳景，微风翼轻航。

醇醑陶丹府，兀若游羲唐。 万殊混一理，安复觉彭殇。

几位名士也经常在家中举行聚会。一次，谢安、支道林、许询等贤达在王濛家聚会，聚会中，谢安对大家说：“今天的雅士集会，非常难得，光阴不可挽留，这样的聚会也难常有，我们应该一起谈论吟咏，聊以抒怀。”许询便问主人：“有《庄子》吗？”王濛命人去找，找到《渔父》[《渔父》：出自《庄子·杂篇》]一篇，于是，谢安定了题目，就让大家各自阐发。众人纷纷就自己所想来解说其中的义理，立意无不新颖高妙，文辞无不新奇拔俗。谢安也畅谈了自己的见解，洋洋洒洒万余言，文采斐然，才思巧妙，加之他寓意深远，潇洒自如，满座之人皆心悦诚服。支道林对谢安说：“你一语中的，直奔佳境，实在是太妙了啊。”

爱好音乐的谢安，还在东山蓄养了一些歌伎，时常与她们携手林泉，浪迹山水。他们在青山绿水间丝竹相和，过着“楚舞醉碧云，吴歌断清猿”的潇洒生活，这也被后世无数文人雅士所艳羡，以谢安携歌伎入诗词的篇章也非常之多：

安石东山三十春，傲然携妓出风尘。（李白《出妓金陵子呈卢六四首》）

唯有风流谢安石，拂衣携妓入东山。（白居易《题谢公东山障子》）

杳杳东山携汉妓，泠泠修竹待王归。（杜甫《戏作寄上汉中王二首》）

谢安雅志还成趣。记风流、中年怀抱，长携歌舞。（辛弃疾《贺新郎》）

东山小妓携丝竹。家里乐天，村里谢安石。（黄庭坚《醉落魄》）

……

谢安也工于书法，曾跟从大书法家王羲之学习行书，他的书法笔墨精妙，又以行书为最佳。连王羲之自己都说：“卿（谢安）是解书者，然知解书者尤难。”北宋的大书法家米芾，称赞谢安的书法“山林妙寄，岩廊英举，不繇不羲，自发淡古”，后人也有“纵任自在，若螭盘虎踞之势”的评语。《宣和书谱》中收录了谢安三帖行书——《近问帖》《善护帖》《中郎帖》，可见其貌。

“庭前树，篱下菊，老渔樵相伴闲鸥鹭”，谢安就这样沉醉在明月清风中，安然度过了大把悠游岁月，在东山这片乐土逍遥了二十余载。

教子侄，辅谢万

“醉罢弄归月，遥欣稚子迎”，除了与志同道合的挚友出游、集会，教育子侄、传承和发扬谢氏家风，匡扶弟弟谢万免其在任上有疏失，也同样是谢安高卧东山时的重要事务。

谢安性情温和，教育自家子弟很有一套办法。一次，谢安的夫人刘氏在管教孩子时，见谢安沉默不语，一时气结，她嗔怪谢安道：“怎么从来没见你教育过孩子？”谢安说：“我总是靠自身树立榜样，进而影响他们啊，不是不教育，只是身教重于言传罢了。”

除了躬身垂范，谢安并非不对谢氏子弟进行言教，只不过谢安的言传从不是正襟危坐的长辈式批评，而是看似随意实则深思熟虑的循循善诱。当子侄们犯错时，谢安总是能想出巧妙的教育方法，既维护了孩子们的自尊心，又能够敦促他们改正不足之处。此外，谢安还时常创造机会让子侄们与高官和名士交流。遇到名流云集的场合，谢安不仅不让他们回避，还让他们直接参与讨论。所以，谢家的子侄们都很敬爱谢安，而通过谢安的谆谆教导，谢家儿女人才辈出，冠冕不绝，有成就的子弟非常多。

（一）车骑将军——谢玄

谢玄，字幼度，是谢奕之子，谢安的侄子。

一次，谢安和子侄们聚在庭院中，院内树木郁郁葱葱，亭亭如盖，谢安正在给子侄们讲论文义。间歇时，他突然发问："我们家的子侄并不都需要出来参与政事，为什么还要求每个人都有才能呢？"其他子侄都面面相觑，不知道谢安用意何在。这时，谢玄望着庭院中的大树答道："这就好比芝兰玉树，总想让它们生长在自家的庭院中啊！"谢安听了很是高兴。

叔侄的赌局

谢玄小时候很喜欢打扮，尤其喜爱佩带一个紫罗香袋，谢安见谢玄喜欢这样有些许脂粉气的配饰不免忧虑，但是又害怕直言会伤害侄子的感情。一次，谢安找了个由头跟谢玄打赌："羯儿[谢玄的小名]，我们来打赌，如果叔父输了呢，你可以拿走我身上的一件东西；如果你输了，也给叔父一件你的东西，怎么样？"小谢玄来了兴致，点头同意了。结果自然是谢玄输掉了赌赛，谢安便索要谢玄身上佩带的紫罗香袋。虽然谢玄很是不舍，但碍于面子，只得低着头慢慢解下香袋，不情愿地递给谢安。他本以为叔父会佩带到自己腰间，谁知叔父竟随手把香袋丢到火炉里烧掉了。谢玄见到叔父的行为，知晓了叔父的深意，从此他就不再佩带这类有脂粉气的配饰了。

谢安还擅长用发问的方式对子侄们进行启发式的教育，在讲读《诗经》的时候，待大家吟诵之后，他问道："你们认为《诗经》里哪一句最好？"谢玄说："我最喜欢《小雅·采薇》中'昔我往矣，杨柳依依；今我来思，雨雪霏霏'这一句，因为很有意旨，出门时还是绿柳依依，而归来时已是漫天的雨雪，这一年的经历与思念都尽在不言中了。”谢安说：“要说意旨，莫不如《大雅·抑》中‘讦谟定命，远猷辰告’这一句，因为这一句特别有高雅之士的深远意趣。有了计划就号召群民执行，有了政策也会随时宣告。这种有威可畏、有仪可象的做法，你们应该要效仿啊。”

东晋名士之间的清谈，都以出语不凡为高，谢玄常有妙语佳言为谢安所赏识。有一次，谢安问谢玄：“为什么晋武帝每次都赏赐很少东西给山涛[山涛：字巨源，是三国曹魏、西晋时期的名士，“竹林七贤”之一]呢？”谢玄想了想回答说：“由于受赐的人要求不多，所以赏赐的人才不觉得少吧。”谢安听了，点头称赞。

谢安也会以日常生活中的小事，对子侄加以教育。有一次，谢玄与众人在一起议论“竹林七贤”的优劣，夸夸其谈，谢安听到了，便对谢玄说：“前辈们是从不议论和褒贬‘竹林七贤’的。”谢安没有制止谢玄臧否人物，而是让他通过对比前辈来思考自己应当如何立身处世。还有一次，当时正值盛夏，谢玄正仰面呼呼大睡，谢安突然进来了，谢玄来不及穿衣服，立即光着脚跑到外屋，穿好了鞋子问候谢安。谢安笑道：“你这真可谓是‘前倨而后恭’啊。”

早慧的谢玄深得谢安的喜爱，得谢安的教诲也最多。长大后，有经国才略、善于治军的谢玄训练了一支“北府兵”，这支军队在著名的淝水战役中发挥了巨大的作用，谢玄也成为东晋的赫赫名将。

（二）咏絮之才——谢道韫

谢道韫，是谢奕之女，谢玄的姐姐，后嫁与王羲之之子王凝之，是东晋有名的才女。

咏絮之才

“咏絮之才”一般用以指在诗文创作方面极具才华的女子，这个典故也是从谢氏的一次家庭集会上而来的。

一天，屋外大雪飞扬，大地素裹银装，四野阒寂无声。谢安把晚辈们召集到一起，围着炭炉映雪读书，并讨论文章义理。见屋外雪下得紧了，谢安便放下书册，悠然道：“白雪纷纷何所似？”谢安二哥的儿子小谢朗挠挠头，支吾道：“撒盐空中差可拟。”谢道韫听罢，微微一笑，继而摇摇头，轻声说：“未若柳絮因风起。”这比拟不但写出了大雪纷飞的状态，还描摹出了雪花飞舞的轻盈灵动，柳絮的比拟让人在漫长的冬季可以感到春意浓浓，谢安听了这精彩的比拟，哈哈大笑，连连称许。

谢安也曾问《诗经》于谢道韫：“《毛诗》[《毛诗》：鲁国人毛亨对《诗经》所作注释之后所成之书]何句最佳？”谢道韫回答说：“吉甫作颂，穆如清风。仲山甫永怀，以慰其心。”[语出《诗经·大雅·荡之什》]谢安很高兴，认为谢道韫的见解深刻而且很有格调。

谢道韫还善于写诗，《隋书·经籍志》中有《谢道韫集》两卷，可惜已亡佚不传，如今只存两首完整的诗作——《泰山吟》（《登山》）和《拟嵇中散咏松诗》。

泰山吟

峨峨东岳高，秀极冲青天。

岩中间虚宇，寂寞幽以玄。

非工非复匠，云构发自然。

器象尔何物，遂令我屡迁。

逝将宅斯宇，可以尽天年。

才艺出众的谢道韫嫁给了王羲之的次子王凝之。嫁到王家之初，一次，谢道韫回到娘家，十分不悦，表达了对这门婚事的不满，谢安很诧异地问道：“王凝之是王羲之的儿子，并不差，你因何不满呢？”谢道韫愤然道：“我们全家叔辈之中，就有阿大和中郎，一群堂兄弟之中也有封[谢韶]、胡[谢朗]、羯[谢玄]、末[谢川]，没想到天地间竟然有王凝之这样的人！”谢安知道侄女谢道韫生性高傲，连谢玄这般优秀的孩子，她还批评说“学业没有进步，不知是俗务烦扰，还是天分不佳”，更何况别人呢？谢安只得安慰她几句。

到了王家之后，谢道韫时常参与王家子弟的名士清谈聚会，深得谢安真传的谢道韫也是清谈的个中高手。有一次，王献之[王献之：字子敬，琅邪临沂（今属山东）人，王羲之的第七子，著名书法家]召集一些当时的风流名士来家中清谈，争论中，王献之落了下风，正被友人说得理屈词穷，困于应对，处于尴尬的境地之时，在旁屋倾听的谢道韫让下人悄悄递出一张纸条给王献之，王献之打开一看，啧啧称奇，便立即命人拉起帷幔，谢道韫端坐轻纱罗帐之后，接着王献之的观点大加发挥，其立意高远，引经据典，侃侃而谈，在座的名士无不理屈词穷，最后只好甘拜下风。

谢玄与吴兴太守晋宁侯张玄之[张玄之：一作张玄]并称为“南北二玄”，张玄之的妹妹也是才情俱佳，嫁与了顾家，张玄之对妹妹的喜爱经常溢于言表，而谢玄常以姐姐谢道韫为傲，所以，每当“二玄”聚集一处总是要为他们的姐妹争个高下，自然都以自家姐妹为高，彼此都不服气。当时有一个尼姑济尼同时跟谢、张两家熟识，“二玄”便请她裁夺，济尼想了想回答说：“王夫人[谢道韫]神情散朗，所以有娴雅超脱的林下风气；而顾家妇[张玄之的妹妹]清心玉映，是个大家闺秀。”显然，闺秀之貌易得，林下之风难求，通过这人的评判，也可以看出谢道韫飒爽的气度。正是因为家族中时常有风雅的集会，耳濡目染，聪慧异常的谢道韫承袭了家族的雅士之风，自然在众女子中脱俗不凡。

谢家儿女的飒爽风气在谢道韫身上展现得淋漓尽致。谢道韫晚年时，朝廷遭受孙恩之乱，贼兵杀到王府，她的丈夫和儿子都被孙恩手下杀害。谢道韫命令婢女用肩舆[肩舆：一种简易的坐轿]抬着她，她拿着刀，手刃贼兵数人，而后被抓住。她的外孙刘涛当时只有几岁，贼兵又想杀害刘涛，谢道韫喝道：“你们要找的是王家的人，和其他族人有何关系！如果你们一定要杀，就先杀我吧。”孙恩为之动容，放了刘涛和谢道韫。

尔后，谢道韫寡居在会稽，家中仍旧严谨而有法度。时任太守刘柳曾去拜访她，谢道韫知道刘柳的为人和性情，便请他进来，自己挽起发髻，端坐帐中。刘柳整理好自己的冠带仪容，坐在别榻上与谢道韫交谈。谢道韫风韵高迈，叙致清雅，谈及自己的家事，慷慨陈词，语调激昂，情至深处，声泪俱下。刘柳问了一些问题，她沉着应答，条清理畅。太守刘柳告辞出门之后，感慨地说：“这样的人，之前真是闻所未闻、见所未见啊，听她的言辞声气，让人身心俱服。”

谢道韫的才情风华绝代，气度胸襟不让须眉，这不仅是家族中雅道的风气影响所致，更是谢安言传身教的结果。魏晋的风流，也因为谢安和侄女谢道韫的才情故事而变得柔软，并有可以触摸的温度。

（三）清谈高手——谢朗

谢朗，字长度，是谢据之子，谢安之侄。

谢据去世较早，谢安便时常把谢朗带在身边，让他参与世事。谢安与名士们聚会时，也会让谢朗伴其左右，以聆听、学习名士们的高妙见解。有时他也会让谢朗与名士一起辩论，以此锻炼他清谈的功夫。

支道林是谢府的常客，他经常去拜访谢安，两人都十分擅长清谈，经常是一炷香、一盏茶、一杯酒高谈阔论一整天。有一次，支道林又去拜访谢安，年幼的谢朗正在堂中，当时谢朗大病初愈，谢安虽有不忍，但是很不愿意让其放弃这次清谈的机会，便让谢朗和支道林一起辩论玄理。年幼的谢朗求胜心切，支道林也寸步不让，硝烟渐浓，二人几欲争吵，谢朗的母亲王夫人在隔壁房中听见他们的争论，很担心谢朗身体吃不消，就一再派人叫谢朗回房休息，可谢安总是不让谢朗离开，期望他能继续与支道林辩论。无奈，王夫人只好亲自出来，对谢安说："我早年寡居，一辈子的寄托都在这孩子身上啊。"于是，流着泪把儿子抱回去了。谢安知道自己这次对谢朗过于严苛了，便对在座的人说："家嫂言辞情意都很激愤，很值得传颂，可惜史官们听不见哪！"支道林告辞后，有人在路上遇到支道林，问他从哪里来，他说："今天跟谢家的小子较量了一番，很是快意啊。"

谢安在教育子侄时，从未有过激烈的言语批评，遇到棘手的问题，他甚至假托自己之过，以达到教育的目的。

引己之过，以相开悟

谢朗的父亲谢据幼时无知，曾经到屋顶上用柴熏老鼠。谢朗并不知道这荒唐事是自己父亲所为，还经常拿这件事开玩笑说只有傻瓜才会到屋顶去熏老鼠。谢安听到了，他知道谢朗并不知晓这件事是自己父亲所为，害怕直言告诉谢朗会令他难堪，所以，趁与谢朗谈话之际，告诉谢朗说："胡儿[谢朗的小名]，总有人拿'上屋熏鼠'这件事情来毁谤你的父亲，还说叔父我也一道这样做呢。"谢朗听了，既气愤又悔恨，把自己关在房里不出来。后来，谢朗再也没有提起过这件事。

谢安还很善于通过品评别人的言行来教育自家子侄。一次，谢安和当时的贤达李弘度一起讨论、品说当时的名士，谢玄和谢朗都在旁侧聆听。谢安问李弘度："你家平阳[平阳：指李重，任职平阳太守]和乐令[乐令：乐广，字彦辅，曾任尚书令（掌章奏文书），被称为"乐令"]相比，怎么样？"李弘度感念家人流泪不止，他说："赵王[司马伦]叛逆篡位时，乐令亲自奉献玺绶；而我家亡伯为人正直，耻于在叛逆的朝廷中做官，终至于服毒而亡。两人恐怕难以相比！这些都是事实，并不是偏袒亲人的话。"谢安趁机教育谢朗说："有识之士做事总是和人们的心愿相同。"谢朗点头称是。

还有一次，王献之去拜访谢安，恰巧习凿齿[习凿齿：字彦威，襄阳人，精通玄学、佛学，东晋名士，著有《汉晋春秋》]正在谢府。按道理，同为宾客的王献之应该和习凿齿坐同一张榻，但是，王献之一直走来走去，迟迟不愿落座。于是，谢安只得让他和自己对坐。王献之走后，谢安对谢朗说："子敬确实特立独行，不过这种品质一旦过度，就显得做作了，过分地矜持拘泥，很可能伤害他的天性。”

将漫天雪花比拟为“空中撒盐”，可知年幼的谢朗天赋不佳，但经过谢安的谆谆教诲和不倦引导，长大后的谢朗在朝中担任著作郎[著作郎：掌编纂国史的文职]，而谢朗也被史学家评价为“善谈玄理，文辞华丽”，他还曾留下六卷的《车骑长史谢朗集》，可惜已亡佚不存。但由此可见这种家族式的文义讲论和谢安的言行对谢家每个子弟影响之深远。

谢氏家族至谢尚一辈已经形成了比较成熟的雅士家风，家族中的子弟工于书，擅谈玄，长于乐器，钟情诗文，文雅之士代出。自谢安起，又形成了“讲论文义”“品读诗书”的以文会亲友的聚会模式。这种聚会，一方面，子弟们在一处学习可以共同切磋，相互砥砺；另一方面，常居一处也使得家门雍睦，家族中处处彰显着一种凝聚力和向心力。

除了教育子侄，谢安高卧东山期间也时常匡扶他在任上的弟弟谢万，免其政务之上的疏失。谢万在任豫州刺史之前，曾任吴兴郡太守，当时谢安也随他到任上。谢万时常晚起，谢安便在清晨时分叩响屏风叫他起床处理政务。

谢奕去世后，谢万被派豫州，谢安也随之一起赴任。谢万在豫州时，仍旧不改倨傲豪纵的性情，幸亏有谢安多方打点，才没有太多疏漏。在谢万领兵北伐即将出征时，谢安见到谢万在军营中仍旧是一副名士的派头，便劝诫他说：“你身为元帅，应该时常与众将领接触，议论军情，或者安抚他们，让他们高兴，像你这样倨傲放诞是不行的。”谢万听了谢安的劝告，便去安抚众将士，怎奈谢万不谙此道，还用了轻蔑的字眼来形容士兵，不但没能安抚他们，还引来更大的不满。于是，谢安只得再次替谢万逐一抚慰和勉励部下，但是这仍旧没办法扭转谢万兵败的命运。升平三年（359年），谢万兵败，损失惨重，当时激愤的将士想杀掉谢万以泄愤，亏得谢安在旁侧，大家碍于谢安的情面，才放过谢万。但终因损失过于惨重，谢万被朝廷废为庶人。

东山高卧二十余载的谢安，一直过着“听道士步虚，教稚子读书，引吟客携壶”无比惬意闲适的生活，而这一切的优哉游哉，却都以谢万被朝廷废黜而画上了句号。

第二节　棋逢敌手

谢万被废，使得刚刚进入朝廷中枢的谢氏家族面临着巨大的危机：一方面，谢氏族人苦心经营的豫州之权瞬间被剥夺；另一方面，朝中桓氏家族独霸朝权的格局业已形成，无论是谢氏还是王、庾二族都已无力抗衡。而此时，谢氏家族中子弟尚幼，无法出来继续重振家族势力，一直隐居世外的谢安不得不以家国计，毅然褪隐士之服而佩官印，离开了栖息二十余年的东山乐土。这一时期，面对桓氏家族的咄咄逼人，为了门户安危，谢安将“韬光养晦、隐忍不发”的个性注入了家风之中。谁承想登临宰辅高位的谢安，最初只是桓温帐下的一个小小司马。

桓温其人

谢安一生可以分为两个阶段，一是隐居，一是出仕。更为巧合的是，他的出仕亦可以分为两个阶段，一是抗桓温，一是战苻坚。如果说一个伟大的人遇到一个同样伟大的对手，可以互相成就，是一桩幸运的事，那么，无疑谢安是幸运的，因为他的两个对手，都不简单：苻坚，是一代英主；而桓温，则是一代枭雄。

桓温，字元子，桓彝之子。

桓彝先是在平定王敦叛乱时立下战功，后死于苏峻之乱，以立功受爵提高了桓氏家族的地位，又以苏峻之乱的死节提高了家族的影响，这些都为桓温进入东晋权力中心奠定了基础。

桓温是晋明帝司马绍之婿，晋成帝司马衍的姐夫，庾氏的甥婿[桓温的妻子南康公主的母亲是庾亮的妹妹庾文君]，与皇族和外戚庾氏的关系十分密切。庾翼向晋成帝举荐桓温时说："桓温年少就有雄才大略，希望陛下不要像对待普通人那样对待他，也不要把他当成普通的驸马，应该委任他以国家重臣之职。"庾翼死后，族中后继无人，桓温顺势取得了庾氏经营的长江上游的权力，朝廷任命他为都督荆梁四州诸军事、安西将军、荆州刺史、领护南蛮校尉。但真正使桓氏家族在朝中立威的则是桓温平灭成汉之功。

"五胡十六国"中的成汉政权

两晋时期，由于皇室的衰落和南迁，使得原本居住在中国北方的五个少数民族——匈奴、鲜卑、羯、氐、羌，史称"五胡"——开始南征，先后建立了十六个封建割据的政权，包括汉[前赵]、成[成汉]、前凉、后赵、前燕、前秦、后秦、后燕、西秦、后凉、南凉、南燕、西凉、北凉、夏、北燕等国，史称"十六国"。

成汉是十六国之一。永宁元年（301年），氐首领李特率民进入蜀地。入蜀后，李特利用当时流民对官府贪腐和残暴的怨怒，在蜀地的绵竹发动起义。李特死后，其子李雄继续率领兵将作战，攻下成都后，于永安元年（304年）称帝，建立了成汉政权。

永和二年（346年），当时的成汉皇帝李势荒淫无道，国内政权动荡。桓温认为征讨时机成熟，遂上表朝廷要求伐蜀。次年，桓温溯江而上进入蜀地，军至彭模[彭模：今四川彭山县东]时，他命老弱看守辎重，而后亲自统兵直攻成都，三战三捷，大破成汉的军队，灭了荒淫无道的李势政权。成汉覆灭，使蜀地之境尽归东晋。凭借平蜀之功，桓氏家族成为崛起的实力派，桓温升任征西大将军、开府仪同三司[开府仪同三司：开府，原指成立府署、自选僚属。汉代时，只有三公、大将军、将军可以开府，魏晋之后开府的逐渐增多，因此有开府仪同三司（开府置官，援照三公成例）的名号]，封临贺郡公。由此，桓温声名大震，开始把持朝廷的重权。

永和五年（349年），后赵皇帝石虎病死，北方政权不稳，桓温认为到了北伐的最好时机，于是上书请求北伐，并奏报水路、陆路进军的事宜。然而，朝廷久久没有回音。因为此时，司马皇室的立场十分矛盾，一方面觉得不能错失北伐良机，另一方面又担心桓温功高难驭，所以，到了永和六年（350年），朝廷决定起用殷浩和谢尚去北伐以制衡桓温，殷浩被任命为中军将军，都督扬、豫、徐、兖、青五州诸军事，领命收复中原。

朝廷的这一举动激怒了自负雄才的桓温，于是，他在永和七年（351年）再次上表，意欲北伐，与上次不同的是，这次他未等朝廷的旨意，直接拥兵东向至武昌，这一举动震惊朝野，时任抚军的司马昱为此写信劝止，或许是碍于司马昱的情面，亦或许是忌惮众多士族的清议，桓温回兵荆州。

永和八年（352年），殷浩进攻许昌、洛阳，命时任安西将军的谢尚为督统，但是谢尚兵败，致使殷浩前行受阻。次年冬天，殷浩率七万大军挥师北上，大军驻扎在山桑[山桑：今安徽蒙城]时，被姚襄领兵截击，损失上万人，军中物资亦被姚襄所夺。桓温乘朝野对殷浩怨怒之际，又借由发挥，弹劾了殷浩，朝廷没有办法，只得将殷浩废为庶人。

扫平障碍后的桓温，便开始积极筹划北伐事宜，曾先后三次出兵。

首次北伐，战前秦苻健[苻健：字建业，氐族人，十六国时期前秦国君，建都长安]。永和十年（354年），桓温统领四万步兵和骑兵从江陵[江陵：今湖北荆州]出发，水军从襄阳[襄阳：今湖北襄樊市襄阳旧城]出发直指南乡[南乡：今河南淅川一带]，其余步兵进攻武关[武关：今陕西丹凤东南]，兵锋直指灞上，攻打至距离前秦都城长安仅有三十多公里的地方。血战中，桓温俘获了苻健的荆州刺史郭敬，击退了苻生、苻雄的大军，但是由于给养不足，只得退兵回朝。

二次北伐，战羌人姚襄。永和十二年（356年），朝廷擢升桓温为征讨大都督，督司、冀二州诸军事，委以征讨重任。桓温再次从江陵出发，命手下据守鲁阳[鲁阳：今河南鲁山]，他领军至许昌和洛阳，军队驻扎在伊水，桓温摆好阵势，亲自挂帅，带领弟弟桓冲[桓冲：一作桓沖，字幼子，桓温专政时，他担任江州刺史十三年]以及各将领对抗姚襄的军队，姚襄大败，桓温收复洛阳。升平四年（360年），因为二次北伐的功绩，桓温改封南郡公，他的儿子桓济被封临贺县公。

“木犹如此，人何以堪”

桓温第二次北伐时，路过金墉城[金墉城：今河南洛阳市东]，见到他年轻时任琅邪内史时栽种的柳树，已经有十围[围：是古代计量圆周的量词，但说法不一，有五寸为一围之说，也有一抱为一围之说]那么粗了，桓温感慨地说："树木尚且如此，人又怎堪忍受（岁月的流逝）呢。"说罢，手抚柳枝，泫然落泪。

后来这个典故多用以指岁月无情流逝，催人老去。

三次北伐，战前燕慕容氏。太和四年（369年），桓温统兵五万自姑孰[姑孰：今安徽当涂]出兵北伐前燕，击溃前燕主力，擒获前燕大将慕容忠后，继续前进。不料，他们在枋头遇到前来支援的慕容垂及其率领的八万大军，桓温军大败，只得焚烧战船，撤军而回，慕容垂又领骑兵追赶，桓温损失惨重。第三次北伐，以失败而告终。

桓温前两次北伐，均立下赫赫战功，使他声望大增。原本打算以北伐来建立功业，而后加九锡以图篡位的桓温，却因第三次北伐失利而致使登临帝王之位的愿望被暂且搁置。但是秉持"既不能流芳后世，不足复遗臭万载"信条的桓温为了彰显自己的权力，仿效西汉的霍光废黜了当时的皇帝司马奕，改其为东海王，并立司马昱为帝。后来，晋简文帝司马昱病重，桓温本以为司马昱会将帝位禅让给自己，岂料这位皇帝只是立下遗诏命桓温辅政，大失所望的桓温极度愤懑，甚至在病重时仍不忘此志，他上表晋孝武帝司马曜要求加九锡，却终未能得偿所愿。

桓温死后，由于他的儿子们才干不足，不能够继承他的遗志，桓氏家族的权柄交由桓温的弟弟桓冲接掌。然而此时，由于桓温的去世，桓氏家族已没有了当初的气势，得以喘息的晋朝皇室为了抑制桓氏力量的膨胀，迅速扶持此前一直谨小慎微、默默积蓄力量的谢氏家族。桓温当然不会料到，谢氏家族一跃而起，成为制衡自己家族最重要的势力，因为对于谢氏子弟，桓温认为，他们一直都被控制在自己的股掌之中。

桓温与谢氏三兄弟

桓温对待谢氏家族的态度共经历了三个阶段：在自己根基不稳时的“联合”，站稳脚跟后的“对抗”以及强盛之后对谢氏的“打压”。

1.桓温与谢奕

在庾氏家族兴起之时，桓、谢二族都是作为掣肘庾氏力量而起的家族。庾翼去世后，桓温虽然接掌了庾氏家族的权力，但是他知道自己根基尚浅，此时的桓温便着意与谢家保持较好的关系。谢氏弟兄中，桓温与谢奕早就熟识。最初，谢奕出任剡县县令一职，后入朝担任吏部郎，又外任扬州晋陵郡太守，而桓温先前任职琅邪太守，又升迁做徐州刺史。在此之前，桓温和谢奕还只是泛泛之交，并没有不同寻常的交情，彼此十分客气谦让。

直到永和元年（345年），桓温升任安西将军、荆州刺史时，与谢奕的来往才开始多了起来，这很难说不是一种有意而为之的举动。庾翼去世后，桓温赴任荆州刺史之前曾频繁地往来于谢家，当初谢奕并没有在意，反而是谢据[谢奕的弟弟]的妻子王氏看出了端倪，她时常对家人说：“桓荆州来家中的用意很明显，怕是要晋陵[晋陵：当时谢奕任晋陵郡的太守，此处“晋陵”代指谢奕]一起西行赴任了。”果不其然，桓温去荆州赴任不久就任用谢奕为司马。谢奕性格任达，不明就里，仗着桓温与他亲厚，便在府中肆意妄为，但此时，桓温拉拢谢家的意图明显，也便不以为意，还笑称谢奕是他的“方外司马”。

此为桓温“联合”谢氏的第一阶段。

2.桓温与谢尚

当桓温平灭成汉之后，桓氏家族的地位已经相对稳定。这时朝廷起用殷浩和谢尚制衡桓家，殷、谢二人北伐失利，桓温上书痛责殷浩无才、无能，但对兵败的谢尚却只字未提。因为此时打击殷浩才是桓温的目标，谢尚不过是殷浩的从属，更为重要的是，谢尚有褚太后的支持，所以，桓温对谢尚未置一词。殷浩被废黜之后不久，谢尚又戴罪立功，不仅官职未受太大影响，还大有赶超之势。随着谢家开始真正染指军权，并威胁到桓氏权柄之时，桓温才开始加强对谢尚的防范。

桓温北伐攻取洛阳后，他上表朝廷建议时任豫、扬二州诸军事的谢尚移任都督司州诸军事，一方面打算支走谢尚以让出豫州、扬州，另一方面想请君入瓮，送给谢尚一个危机四伏的司州都督。因为以当时的情势来看，洛阳随时都有可能被北方各势力反攻，洛阳一旦再次陷落，谢尚必定难辞其咎。但谢尚亦非等闲之辈，他以病为由推托不就。

此为桓温“对抗”谢氏的第二阶段。

3.桓温与谢万

豫州和江州地处长江上游与下游的居间地带，有着极为重要的军事战略地位。当初，王氏和庾氏就一直极力争夺江州，后庾氏胜出。已有荆州势力的庾氏将江、荆二州连成一气，统领了长江上游。面对此种情形，朝廷有意任命谢尚为江州刺史以改变庾氏独占一方的局面，但是遭到庾氏的抵制，谢尚改任豫州刺史。庾氏衰落后，庾家的权力由桓温接掌，面对豫州这一军事要塞，桓温觊觎已久。

谢奕死后，豫州刺史一职交由谢万领任。升平三年（359年），桓温第二次北伐已渐近尾声，此时朝廷命谢万北伐前燕，王羲之了解谢万只是一介空疏文人，带兵征讨一定会败北而归，于是他给桓温写信劝诫此事，他说：“谢万才智横溢、通晓经典，让他在朝中任职，参与廷议，必定成为一个人才。而今藏纳他的豪迈之气，让他去荒野之地征讨，怕是委屈了他的才能啊。”言外之意是谢万并不适合领兵作战，应阻止他北上。通过王羲之给桓温的书信或许可以推测出，此次谢万领兵北伐或是出于桓温的提议。所以，桓温不但没有听取王羲之的建议，反而乐见谢万赴任。最终谢万因兵败而被朝廷废黜。谢万不仅丢掉了皇室的城池，失去了自己的官职，更使得谢氏家族的权势损失惨重，前途渺茫不定。

此为桓温“打压”谢氏的第三阶段。

“较量”三部曲

《宣和书谱》中这样记述谢安对抗桓温之事——“当桓温跋扈，（安）谈笑却之”。言语中大有“谈笑间，樯橹灰飞烟灭”之势，然而这不过是文人笔下夸张的溢美之词。古往今来，任何胜利莫不经过苦心的思虑和卓绝的努力，谢安对抗桓温亦是如此，甚至更加艰难，因为当时的桓温已是权倾朝野的重臣，而谢安不过是东山之上一个只有虚名的隐士而已。

（一）初遇

当时，谢万担任西中郎将，把持边防重任，之前的谢尚和谢奕也都身居要职，高官厚禄，富贵一时，兄弟之中只有谢安退隐东山不肯出仕。谢安的妻子刘氏对丈夫的不思进取很是不满，一次，她厉声喝问丈夫：“夫君不会一直打算这样在家中逍遥快活吧？”谢安掩住口鼻轻声说道：“怕是没办法免于出仕的灾祸呢。”正如谢安所言，他自己优哉游哉的生活很快就结束了。

升平三年（359年），谢万被朝廷废黜。家族中的幼辈都年纪尚轻而不足以承担拯救家族危机的使命，面对家族岌岌可危而又无人可以出仕，祖辈苦心经营的家族势力就要毁于一旦的情形，谢安不得不违背自己的初衷，放弃东山优哉游哉的生活，开启了仕途的生涯。而此时，谢安已年逾不惑了。

升平四年（360年），征西大将军桓温向谢安递来了橄榄枝，邀请谢安担任自己帐下的司马。谢安清楚，桓温此举意味颇浓，一来，谢万被废本与桓温脱不了干系，邀请谢安是有意缓和两个家族之间的矛盾；二来，谢安名声在外，是挽救谢氏家族并与他抗衡的最适合的人选，把他放在自己府中也可时刻提防。而对于久负盛名的谢安来说，此时自己家族已经失去方镇之权，即便褚太后有提携谢氏之心，但迫于朝廷压力，也无法在朝中给予他重要职位，并且谢安一直高卧东山，没有作战经验，所以更不可能授予其军权。

虽然谢安的出仕未必仅有桓温军府这一处选择，但谢安思量再三，还是接受了桓温的邀请。对谢安来说，接受桓温的邀请可能出于以下考虑：一是对谢氏家族来说，面对桓氏家族这个强大的对手，消弭两家的矛盾对谢氏来说显得更为重要与迫切；二是谢安清楚，在乱世之中要挽回家族声望，获得军功是最佳的捷径，此时，桓温已获得了第二次北伐的胜利，屡战屡胜的桓温将军府无疑是他学习军事部署和统兵破敌之术的最好选择；三是桓温给予的职位是“司马”，管理的正是军旅事务，所以在综合考量之下，谢安决定出任这一职位。

谢安出仕的消息传出后，引起了朝野轰动。当时，谢安从新亭[新亭：今江苏南京市西南，东晋时是朝士游宴之所]出发，准备赴任，许多名士和朝中官员都赶来为他送行，面对一直隐逸不肯出仕的谢安，很多人都认为他徒有虚名，前来送行的中丞高崧就挖苦谢安说：“你屡次违背朝廷旨意，隐居东山不肯出仕，人们时常说：‘谢安石不肯出来做官，天下的老百姓该怎么办呢？’现在，天下的百姓又该拿你怎么办呢？”谢安听了略有愧色[对当时的隐士来说，出仕是违背自己高洁的志趣的，所以出仕的隐者一般都会遭到别人的鄙夷]。然而，桓温得了谢安却十分高兴，谢安到了他的府上，两人谈论生平之事，竟谈笑了一整天。

远志与小草

谢安在拜见桓温时，恰逢有人送草药给桓温，其中有一味叫“远志”[远志：是一种草本植物，根可入药]。桓温便随口问谢安：“据说这‘远志’又被称为‘小草’，一味药怎么会有两种称呼呢？”谢安还未回答，坐在一旁的郝隆[郝隆：字佐治，东晋名士，官至南蛮府参军，也称“郝参军”。著名典故“坦腹晒书”的主人公正是这位郝参军]应声说道：“在山中就叫远志，出了山就是小草啊。”郝隆的话尖酸刻薄、绵里藏针，他暗讽谢安隐逸时志向高远，出了山却也只能安于在桓温身边做一个小小的司马。桓温笑着对谢安说：“郝参军并无恶意，这话说得很有意趣啊。”虽然这种极具巧合意味的问答和挖苦极有可能是刻意的安排，但谢安听罢不以为意，笑而不语。

名气甚高的谢安以他不凡的谈吐和学识得到了桓温的赏识，谢安告辞后，桓温对手下人说道：“你们以前可曾见过我有这样的客人？”面对桓温这样一位大权独揽、功高震主的对手，谢安在臣服中有谋算，在应对时有隐忍，这种隐而不发的个性使他一直没有见疑于桓温，反而深得桓温的赞赏。

在小事上，韬晦自处的谢安也一直谨小慎微，无丝毫懈怠。桓温有一次到谢安家里，恰逢谢安正在堂中盥洗，见桓温前来，谢安忙不迭让下人去取衣裳和头巾，桓温说：“何必如此麻烦，拘泥于这些礼数呢？”但谢安仍旧整理好冠帽，而后才与桓温聊天，直到夕阳西下，桓温才起身离开。还有一次，桓温生病，谢安前去探病，桓温远远望见谢安，叹息说：“我家里很久不见这样的人了！”虽然桓温对谢安有赏识、有看重，然而，谢安和桓温代表的两个家族的权力是此消彼长、你进我退的，所以二人终不能避免为了各自家族的利益而分道扬镳。

（二）退避

虽然谢安将自己仕途的第一站选在桓温军府是出于各种衡量不得已而为之的选择，但是谢安清楚，桓府绝非久留之地，因为他出仕的目的并非仅仅是缓和与桓温之间的关系。谢安还有更大的谋算——将谢氏家族重新推回朝廷权力的中心。

升平五年（361年），在谢安入桓府的第二年，谢万去世，彼时桓温正在积极筹备第三次北伐事宜，无暇他顾，谢安便以奔丧为名离开桓温军府。而后，他又被宰相司马昱征召为吴兴郡守，不久，又被调回京师，担任侍中[侍中：秦始置，侍从皇帝左右、顾问应对，可入侍宫禁]，后迁任吏部尚书、中护军[中护军：汉末始置，魏晋南北朝时期，中护军与中领军同为重要的军事长官]。

这一期间，桓温的第三次北伐损失惨重，不仅减损了他在朝中的威望，桓氏家族的势力也受到了极大的冲击。本打算以北伐之功，立威朝廷，继而加九锡以篡位的桓温，此时不得不暂时搁置他的图谋。太和六年（371年），桓温最倚重的谋士郗超[郗超：字景兴、敬舆，小字嘉宾，是东晋开国元勋郗鉴之孙，与桓温关系极为亲密]给桓温出了“废帝以立威”的策略，桓温听从了郗超的建议，行废立之事，同时又乘机诛杀和流放了一批对此有异议的大臣。他弹劾当朝太宰司马晞[司马晞：字道叔，司马睿的第四子，死于流放地]“聚纳轻剽，苞藏亡命”，并将之流放，还诬蔑庾柔、殷涓[庾柔、殷涓：分别为庾冰、殷浩之子]等人谋反。与此同时，桓温终于得到了他垂涎已久的徐州、豫州的军事权力，扫清进入建康的障碍，控制了司马昱，使东晋成为“政由桓氏，祭则寡人”的朝廷。一时间，桓氏权倾江左朝野，威势极盛。此时的皇帝司马昱沦为傀儡，政不由己出，以至忧愤过度，即位短短八个月就病重了。

对于废立之事，谢安一直讳莫如深。一次他见到桓温时，急忙行了个大礼，桓温惊讶地笑道：“安石，何事至此啊？”谢安答道：“没有君主在前边跪拜，大臣还在后面站着的道理啊[当时简文帝司马昱完全受控于桓温，陷入了“帝虽处尊位，拱默守道而已”的无奈境地，所以谢安才有此语]。”

谢安性格隐忍，胸中有大吞吐，不计较一时得失。面对不可一世的桓温时，他进退有度，即便对待桓温器重的人他也十分小心。一次，郗超让谢安和王坦之[王坦之：字文度，太原王氏子弟，东晋名臣]二人到他的府上商议事情，二人在外等候会见，但是直到天色渐晚，仍不见郗超的召唤。王坦之耐不住性子抬腿便想走，谢安急忙拉住王坦之说：“你难道就不能为了性命再忍耐一会儿？”

入幕之宾

郗超是桓温最器重的谋士，“入幕之宾”的典故就是由此二人而来。语出《世说新语·雅量》[《晋书·郗超传》也有记载，但与《世说新语》略有不同：“谢安与王坦之尝诣温论事，温令超帐中卧听之。风动帐开，安笑曰：‘郗生可谓入幕之宾矣。’”]。

废立皇帝之后，桓温和郗超一起商议再废黜一些朝臣，以消灭朝中的异己力量。拟定好名单和相关文书之后，天色已晚，郗超就在桓温处休息。第二天早晨，桓温把谢安和王坦之叫到自己府中，把名单给他们看，并让郗超躲在帷幕之后倾听。谢安看了名单之后没有说话，王坦之看了看，说：“多了。”于是，桓温取过笔来，打算删掉几个，躲在帷幕中的郗超不自觉悄悄地跟桓温交谈起来，谢安于是含笑说：“郗先生真可以称得上是入幕之宾了。”

此处，“幕”，一语双关，既指帷幕，又有幕僚之意；“宾”，郗超小字“嘉宾”，所以这话说得非常巧妙。后来，“入幕之宾”就用以指幕僚或参与机要的人，有时也指与主人关系亲密的宾客。

自从谢万离开豫州之后，谢氏家族失去凭靠，谢安在朝，也官阶不显，加之谢安谨小慎微，一直不被桓温所忧虑。所以，在简文帝司马昱病重时，桓温还上疏推荐谢安担任顾命大臣来辅政。他说：“现在皇子尚幼，朝中声誉颇高的贤良只有谢安、王坦之可堪托付。……陛下应该有所交代，使臣下知道托付之人，谢安等人奉命施展才力，这于公于私两相宜。微臣老朽患病，怕是支撑不了多久，再也承担不了顾命的重任。”

虽然桓温对司马昱说以谢安为顾命大臣，但其实桓温狼顾晋鼎的野心早已昭然若揭，他很希望司马昱把皇位禅让给他，让他一登大统。自从被桓温拉着做皇帝就一直战战兢兢的司马昱也确实有此意图，所以迟迟未立太子，去世当天，在谢安和王坦之的劝说下才将司马曜立为太子。病中的司马昱又连发四道诏书，请当时在姑孰镇守的桓温回朝辅政，但是桓温并未回朝，只是写了一道奏疏。司马昱只好写下遗诏，命大司马桓温“依周公居摄故事”，并效仿刘玄德托孤的例子，“少子可辅者辅之，如不可，君自取之”。王坦之看到遗诏，极力劝谏，并撕毁已经写好的诏书，司马昱说：“拥有天下已是运气，你还计较这些做什么呢？”王坦之正色道：“天下是宣帝[宣帝：指司马懿。司马炎继位后追尊司马懿为宣皇帝]、元帝的，陛下怎能独断独行呢？”简文帝无言以对，只好命人修改诏书，遗诏命桓温辅政司马曜，可效仿诸葛亮、王导的先例。桓温得此诏书，大失所望。由于王坦之和谢安的阻拦，桓温最有可能称帝的一次机会随同司马昱一道被埋葬了。从此，恼羞成怒的桓温对王、谢二人怀恨在心。

（三）博弈

如果说在司马昱去世之前，谢安对待桓温的态度一直处于隐忍而暗自对抗的阶段，那么，他与王坦之一起阻止桓温篡取皇位，则是把二人的矛盾公开化了。面对阻止他登临帝位的谢、王二人，桓温也是意欲杀之而后快。

咸安二年（372年），刚刚被册立为太子的司马曜继位，时年十一岁。

朝廷派谢安召桓温入朝辅政，一方面是怕他举兵谋反，另一方面也为了安抚他。但是，桓温皆辞让没有接受。次年二月，桓温入朝觐见皇帝，朝廷命谢安和王坦之二人到新亭逢迎桓温。

当时，百官都在路边拜迎桓温，朝中更有传闻说桓温意欲加害谢安和王坦之二人。王坦之听到消息后，十分惊恐，连忙找到谢安，跟他商量躲避灾祸的对策。没想到，谢安面无惧色，神色镇定，他对王坦之说："晋国的危亡，全在我们这一行了。"

于是，二人一同到新亭面见桓温。桓温摆下宴席，并在房间内埋伏好了兵士，准备随时捉拿谢安和王坦之。见到桓温后，王坦之惊恐万分，汗流浃背，衣衫湿透，连手中的笏板都拿倒了。而淡定自若的谢安始终泰然处之，他沉着从容地望着台阶，快步走到座位上，口中还吟诵着嵇康的《赠秀才入军》："浩浩洪流，带我邦畿。萋萋绿林，奋荣扬晖……"坐定之后，谢安对桓温说："我听说治军有方的将军，都是派兵士去镇守四方，桓公的兵士却全都躲避在墙后，这是何缘故呢？"桓温听罢，尴尬地笑笑说："我也是不得不防备着点儿啊。"于是，将兵士撤出。而后又跟谢安笑谈良久。

虽然，桓温本有先诛王、谢，再移晋鼎的打算，但是谋算良久，桓温认为尽管此时他掌握着军事优势，但是政治优势却在王、谢一边。而且先前已经诛杀了司马晞、庾柔、殷涓等人，现在一旦再诛杀王、谢，则会得罪当时所有政治势力，如果这样，自己的胜算并不大，思量之下，他只得收手，接受了做一个辅政大臣的现实。

其实，面对桓温的"鸿门宴"，谢安并非完全不以性命为忧，只是通过分析，谢安认为有雄才大略的桓温应该不会出此下策。首先，虽然桓温手中握有兵权，但此时，桓温权倾朝野的大势已去，废立皇帝不过是桓温彰显威仪的一种无奈之举；其次，诛杀他和王坦之二人不过是谋反的序曲，但是前有王敦谋逆兵败之例，后面又有诸多叛乱被平定之事，从中可以看出，桓温想要夺权并非易事，而且失败的可能性极大；最后，杀掉他二人亦会与陈郡谢氏、太原王氏两大家族结怨，对桓氏子弟亦是不小的冲击。事实也证明，谢安的判断是正确的，桓温作为一代枭雄并没有意气用事。

虽然夺权不成，也没有杀掉谢安和王坦之，但桓温并未就此罢手，因新继位的晋孝武帝司马曜登基时年幼，很多政令都由桓温代为发号，朝野议论纷纷，政局很是不稳。病重时，仍一心谋求帝位的他又请求朝廷为他“加九锡”。

加九锡

在古代，“锡”通“赐”，所以“九锡”即指九种御赐的东西，包括：一车马，二衣服，三乐则[乐章]，四朱户[朱红色的大门]，五纳陛[斜坡的台阶]，六虎贲[武装侍卫]，七弓矢[武器]，八𫓧钺[刑戮的刑具，借指皇上赐予的生杀大权]，九秬鬯[祭祀用的酒]，共九种特赐用物。

据《礼经·含文嘉》宋均注：封国国君有高尚的品德，当增加他的采邑。再建立大功时，则加九锡：进退有节，行步有度，赐给车马代步。言成文章，行成法则，赐给衣服，表彰善行。长于教育，心怀仁爱，赐给乐章去教化人民。家宅整洁，户内严谨，赐给朱红大门，使他与众不同。动作合礼，行为有节，赐给他斜坡台阶，使他保持体力。勇敢正直，仗义执言，赐给他武装卫士保护安全。良心慈悲，择善固执，赐给他武器弓箭，使他得以代表中央讨伐叛逆。刚烈威武，立志保卫皇家，赐给他铁钺，使他得以专断诛杀。孝顺父母，友爱兄弟，赐给他美酒，使他得以祭祀祖先。[摘自柏杨版《通鉴纪事本末》（第二部），柏杨，中信出版社，294页]

九锡一般是朝廷赐给朝中元老重臣的九件物品，没有实质的意义，但是自王莽之后，被加九锡者后多篡权，于是，“加九锡”也成为权臣篡逆的标志。

于是，桓温命袁宏给他起草奏章，袁宏以文辞华美著称，写好表文之后，袁宏拿给王彪之过目，王彪之赞叹他的文字华美，但是他对袁宏说：“卿固有大才，但是这样的文章怎么能给别人看呢。”袁宏不解，他又交给谢安，谢安看了之后，便以修改奏章为由，多次不予上报。袁宏十分纳罕，因为他觉得确无可修改之处了，于是他又找到王彪之询问缘由，王彪之说：“听说他[桓温]的病日益严重，也不能支持太久了，所以还可以再修改修改。”袁宏听罢，才明白谢安的深意。于是，回去继续作修改状，屡次拖延时间以阻止桓温的请求，所以，直到桓温去世，九锡也没有加成。

桓温病重时，桓冲曾问桓温如何处置谢安和王坦之二人，桓温思量之后，对桓冲说：“他们不会听命于你。”桓温清楚，如果他还在，谢安和王坦之不敢违背自己的意愿，而如果自己不在了，二人绝不会接受桓冲的施令，但要是杀害他们，对桓冲并无好处，反而会引起两大家族的仇视，失掉人心。

宁康元年（373年），一代枭雄桓温病逝，享年六十二岁，朝廷追封他为丞相。桓氏家族的兵权交由其弟桓冲，虽然桓冲比桓温性格谦和，但是兵权太重仍旧为谢安所忧虑。可此时谢氏一族只有谢安一人在任，朝野之中孤立无援，为掣肘桓氏家族的势力，他恳请褚太后再次临朝。褚太后临朝后，即命王坦之和谢安同为宰相，共同辅佐幼主。第二年，朝廷派王坦之去镇守徐州等军事地境，担任徐州刺史，又诏令谢安总管中书之事，于是，朝政进一步由谢安把持。此后，谢安晋升中书监[中书监：与中书令职务相等而位次略高，同掌机要，事实上为丞相]、录尚书事[录尚书事：录，有总领之意，录尚书事独揽大权，无所不总，三国、晋、南北朝时，凡掌朝权的重臣每带此名号]，朝中权力尽归谢氏一族，无人能出其右。

面对桓温的锋芒毕露，谢安为保全谢氏一门的利益而韬光养晦。也正是他这种忍而不发的个性，使得桓温对谢家的态度不置可否，谢氏家族才能在血雨腥风的权力斗争中得以保全和发展。这种内守的个性也逐渐影响着谢氏子弟，这对于崇尚玄学的谢氏子弟来说着实弥补了性格上的不足，谢氏家风至此又多了沉稳这一重要的特质。

第三章 “盛”

《围棋报捷图轴》　(明) 尤求

第一节 匡扶晋室

从家风中所濡染的儒玄气质，进一步影响着谢安的政治作为。桓温死后，朝廷命谢安辅政，当时朝野危如累卵，内外交困。谢安一方面推行孔孟仁德之风，大力推行德政,修缮君臣关系，团结了朝中大部分士族和名士；另一方面他奉黄老思想为圭臬，“省苛事，薄赋敛”，任用官员不察小节，遇事沉稳镇定。在他的治下，东晋形成了“上下同心，一致对外”的中兴之局。而面对北方强权，谢安积极防御部署，命谢玄组建北府兵，不仅令东晋增加了拱卫建康的势力，也使谢氏家族有了巩固自己地位的军事力量。这一时期，谢安将亦儒亦玄的谢氏家风发挥到了最理想的高度，成就了他内圣外王的功业，“儒玄并举”的谢氏家风也在此时得到了进一步的强化。

内忧外患的时局

褚太后临朝后，命谢安和王坦之共同辅政。此时，谢氏家族终于进入朝廷中枢，把持重权，但此时的谢安却并不轻松，因为摆在他面前的，是一个内忧外患的时局。

1.内忧——满目疮痍的朝政

太和四年（369年），桓温带领东晋五万大军从姑孰出发讨伐前燕，开始了第三次北伐，大军进兵至枋头[枋头：今河南浚县西]时，前燕名将慕容垂切断东晋军粮食补给迫使桓温撤退。而后，慕容垂又尾随桓温到襄邑[襄邑：今河南睢县]，斩杀了东晋兵士三万余人，落荒而逃的东晋军又遭到前来支援的前秦将领苟池的截击，再次损兵万余众，桓温狼狈地回到姑孰时，五万大军仅剩不足万人。桓温第三次北伐的失利，不仅使桓氏家族名实俱损，对东晋政局亦是巨大的冲击。除兵将折损之外，亦损耗钱粮无数，东晋国力因此受到重挫。

失利后的桓温依郗超之计，通过废立皇帝来重立自己的威信，引来朝野上下的一片恐慌。行废立之事后，桓温并没有就此停手，而是又开始大肆诛灭异己。他一直忌惮有勇武之才的太宰、武陵王司马晞，于是给新册立的皇帝司马昱上表说："司马晞不能遵循王法，他聚合轻浮小人，包藏亡命之徒意欲谋反。他的儿子司马综傲慢残忍，施虐于人。请求免去二人的官职。"而后，他又逼迫新蔡王司马晃诬称自己与司马晞、司马综、著作郎殷涓、太宰长史庾倩、太宰掾属曹秀和舍人[舍人：晋代时期的舍人，任起草诏令之职]刘疆等人勾结谋逆，并将他们逮捕交付廷尉，恳请诛杀司马晞。

司马昱没有允准，桓温再三坚持，司马昱只得下诏说：“如果晋室国运长久，明公就应该奉行前面的诏书；如果晋室大势已去，那么请让我给圣贤之人让路。”在司马昱如此的坚持之下，司马晞才勉强保住了性命，他和他的三个儿子被废为庶人，但是殷涓等人都被族诛。自此之后，朝廷上下人人自危，皆惶惶不安。此后，政令皆由桓氏出，司马皇族沦为傀儡，以至于司马昱在写遗诏时曾有“少子可辅者辅之，如不可，君自取之”的屈辱打算。除了对皇族和异己的士族进行打压之外，桓温更有篡移晋鼎、代司马氏掌权的图谋。此时，不仅桓温与司马氏的矛盾达到了顶点，桓氏与各宗族、士族之间的矛盾也濒临爆发的边缘。

幸而，当时一触即发的矛盾因为桓温病重而得以缓和。桓温病重时，考虑到世子桓熙才能薄弱，便把军权交与弟弟桓冲，这引起了桓熙的不满，于是，桓熙与弟弟桓济密谋杀害桓冲，桓冲知道后不敢探病。桓温死后，桓冲派兵收捕桓熙和桓济，将他们流放到长沙。桓氏家族内部的攘权夺利，再次引发了东晋政局的震荡。

由于东晋上层政局不稳，下层民众与朝廷的矛盾也日益突显。而东晋连年的北伐致使兵士伤亡惨重，时常有士兵在服差役时逃亡。同时，战争使得军资耗费巨大，压在百姓身上的徭役、赋税自是十分繁重，百姓困苦不堪。

东晋初年，大量的北方士族和流民都追随晋室南迁。这些北方士族不但在政治权力上排挤南方士族，而且在经济利益上也时常倾轧南方士族。虽然王导通过一系列政策缓和了这一矛盾，但直到谢安辅政之时，这一矛盾仍旧没有根除，一直是影响东晋政局的一大隐患。而大量北方流民缺少谋生的土地，使得他们与南方本土民众不可避免地存在着政治、经济利益上的差异和冲突，造成社会动荡。这些内外上下诸多矛盾并存，亟待解决。而此时，北方正在崛起的前秦政权，开始不断骚扰东晋的领土，让原本就日暮途穷的东晋，再次雪上加霜。

2.外患——虎视眈眈的前秦

自“八王之乱”、晋室南渡后，北方群雄并举、战乱纷纷，先后兴起了十六国政权。东晋永和年间，以苻氏[苻氏：首领苻洪，本名蒲洪，因谶文有“草付应王”而改姓苻]为首领的氐族部落渐露头角。永和七年（351年），氐族首领苻健占领关中，建都长安，称天王，国号秦，史称“前秦”。次年，坐拥长安的苻健称帝。

面对势力日强的前秦，东晋决定派兵平叛，于是命殷浩前去征讨，但是殷浩损兵折将，无功而返。此时的朝廷不得不依仗桓温出兵。永和十年（354年），桓温如愿开始了他的第一次北伐，几场血战之后，俘虏了前秦荆州刺史郭敬，攻陷青泥[青泥：今陕西蓝田县]，击败了苻健的儿子苻生、苻雄，驻军灞上[灞上：今陕西西安市东]，逼近了前秦国都，后来，前秦军抢收了长安附近的麦子，使得东晋大军没有粮秣供给，桓温只得退兵。

苻健死后，其子苻生继位，因为暴虐施政，而被他的堂兄弟苻坚取代。苻坚在谋士王猛的辅佐下，广纳贤才、整肃法纪、大力发展生产、减轻徭役赋税、缓和民族矛盾，经过不到十年的时间，便使前秦上安下顺、弊绝风清、民富国强。前秦迅速崛起后，苻坚又着意开疆拓土，攻伐诸国。自此时起，东晋北面的边境便时常遭到前秦军队的骚扰。

373年[373年：东晋宁康元年，前秦建元九年]，前秦先是攻下东晋梁、益二州，占领长江上游，从此便可以乘战船顺江而下，取得了对抗东晋的战略优势。376年[376年：东晋太元元年，前秦建元十二年]，前秦开始攻打依附东晋的前凉张天锡政权。当时，桓冲得到前秦攻击前凉的消息，便派兖州刺史朱序、江州刺史桓石秀[桓石秀：桓温之侄，桓豁之子]与荆州督护桓罴游军沔、汉一带，为前凉声援，怎奈张天锡不济败没，朱序等人只得罢兵。此后，士气高涨的前秦军旋即又攻灭了北方鲜卑拓跋氏的代国政权，除此之外，北方大部分匈奴部族、前凉和巴蜀地区都尽收前秦彀中。此时，势力强劲的前秦已经统一了北方大部分地区。

谢安治下的中兴

面对这样内忧外患、纷繁复杂的东晋时局，谢安却以他持重沉稳的行事方式，镇定自若、不慌不忙地处理起政务来。每当遇到突发状况，他始终能够泰然处之。后人将谢安担任宰辅时期的为政特点总结为——“镇以和靖，御以长算。德政既行，文武用命，不存小察，弘以大纲，威怀外著”。在他的治下，东晋内外交困的局势得以扭转。

（一）尽归谢氏的朝权

虽然没有了桓温，但刚刚辅政的谢安在朝中仍旧面临着两股政治势力的掣肘，一是王坦之，一是桓冲。当时，谢氏家族中只有谢安一人握有大权，在朝在野，一直孤身进退，当初他与王坦之一起对抗桓温结成的利益同盟，也因为桓温离世、谢王共同辅政而发生了微妙的变化。王坦之在司马昱临终时极力促成司马曜的登基，功劳尤大，昔日的盟友，如今分庭抗礼，谢安思量之下意欲恳请褚太后第三次临朝听政，希望通过皇权相辅以巩固谢氏的地位。当时，许是王坦之洞悉了谢安这一举动的用意，对此事提出异议，认为司马曜已经十一岁，并无必要再恳请太后临朝，但是这件事并没有如他所愿。

宁康元年（373年）八月，褚太后下诏同意了恳请她辅政的疏文。九月，时任吏部尚书的谢安领任尚书仆射，加后将军。次年二月，王坦之被调离京师，任都督徐、兖、青三州诸军事，北中郎将，徐、兖二州刺史，外出镇守广陵。与此同时，诏令谢安总管中书事。

王坦之出镇之后，谢安在朝中的主要对手便是桓冲了。桓温的几个弟弟之中，桓冲最有军事才干，深得桓温的器重，他跟随桓温屡立战功，升任督江、荆、豫三州之六郡诸军事，南中郎将，赐爵封城公，领任江州刺史十三年。桓温去世后，桓氏兵权交由桓冲，朝廷诏令桓冲出任中军将军，都督扬、江、豫三州诸军事，任扬、豫二州刺史。

较之桓温，桓冲性情温和，当时有人献策桓冲说可以诛杀当时有声望之人以此树立自己的威名，但是桓冲没有听从。桓温在世时执掌生杀大权，死刑之罪都由自己定夺，但桓冲接掌军事后，生杀之事都先奏报朝廷，由此可见桓温与桓冲的殊异之处。面对谢安的雄才大略、如日中天的声望，加之又有褚太后等皇室的支持，桓冲自感难与谢安并立于京畿之地，于是在宁康三年（375年），他上表陈说自己的气量和涵养都不及谢安，愿自解扬州刺史之职，请求出京任职。恰逢王坦之于此年去世，朝廷便任命桓冲都督徐、兖、豫、青、扬五州之六郡诸军事，任车骑将军、徐州刺史，镇守京口[京口：今江苏镇江市]。当时桓温一党之余将皆扼腕阻拦，郗超也一起劝谏，但是桓冲全不采纳。

同年八月，由谢安推举，晋孝武帝娶王蕴之女王法慧，并立她为皇后。而后，谢安又将桓冲在徐州的职位解除，交由王蕴。一来王蕴个性谦让怯懦，且太原王氏在朝根基不深；二来此举也更加拉近了谢氏与外戚王氏家族的关系。至此，桓冲仅以车骑将军的封号都督豫、江二州之六郡诸军事，从京口改镇姑孰，谢安又领扬州刺史，这样江左又恢复到了几十年前几大士族势力均衡的态势。桓氏及其部属负责长江中上游荆、豫州区域军务，王、谢负责徐、扬以及京畿地区的军务。

次年的正月初一，司马曜行过冠礼之后，参拜太庙。辅政的褚太后见朝权尽归谢氏，她辅政的目的已经完成，便下诏称："皇帝已行过婚礼和冠礼，现在内外和平安定，百姓乐业安居，皇帝也应该亲理政务了。现在我将政事归还，一切按照旧典行事。"于是，褚太后归政，将临朝大权交还晋孝武帝。十四岁的司马曜开始亲政，并由谢安辅政，将年号改为"太元"。一场除旧布新的变革即将拉开大幕。

（二）"君臣修睦，广行德政"的治国之道

面对朝中皇室与士族、士族与士族之间的矛盾，谢安上下调解。对皇室，谢安竭尽忠诚之能事；对同僚，谢安采取了既相抑又相持的策略，使得当时朝廷内部形成了"君臣和睦、上下同心"的和乐局面。

对于桓温擅自废立皇帝之事，司马皇室一直心有余悸。辅政之初，谢安便着力安抚皇室未定的惊魂。太元三年（378年），谢安打算修缮朝廷的宫殿，时任尚书令的王彪之非常反对这件事，他对谢安说，现在正是内忧外困之时[当时前秦将领苻丕正在领兵攻打襄阳]，岂可再劳累人力和财力去做这样的事，但是谢安并没有听从。同年，谢安便着手修缮宫殿，并模仿天象，使宫殿与北极星的星象相吻合，而做这件事的徭役们，并没有因为苦累而心生怨怼。论及修缮宫殿的意义，谢安自有他的考虑，一方面，皇帝刚刚大婚又初掌朝政，新的宫殿可以带来新的气象；另一方面，谢安也在给皇室释放善意的信号，他与觊觎晋鼎的桓温全然不同。

与此同时，谢安又举荐了晋孝武帝司马曜的弟弟司马道子。皇室中，晋孝武帝父辈都已不存于世，兄弟辈中仅有司马道子一人，所以提供职位给司马道子也是谢安抚慰皇室的方法之一。太元元年（376年），司马道子被任命为散骑常侍、中军将军，后来又擢升为骠骑将军。太元五年（380年），司马道子又领司徒之职。此时，对于宗室成员的人事安排与任命，无异于一剂安心定神之良药，可以让司马氏从桓温的阴影之下移步出来。此外，这一举措也大大减轻了朝野对谢安的猜忌之心。

对于竞争对手桓氏，谢安并没有打压到底。在桓冲回镇荆州后，桓氏步步紧逼建康的危机即被解除。此时，谢安作为一个伟大政治家的胸襟与气度便凸显出来，他没有进一步逼迫桓氏解职交权，而是让桓温的弟弟桓豁继续做荆州刺史，并任征西大将军，来主持长江中游的军事。桓豁死后，他又让桓冲从长江下游移镇荆州。其后，也没有因为襄阳的陷落惩办桓冲[379年，襄阳被前秦攻陷，桓冲曾因战守无方，引咎辞职，谢安没有同意]，仍让他继续领兵扼守豫州。谢安不计前嫌、宽宏大量的胸怀，安抚感化了桓氏兄弟，使得桓冲心甘情愿听命于他的调遣，效忠于朝廷。他对桓氏的宽宏大量，无疑对团结各个士族，维护晋室，起到了积极的作用。

谢安另又任用高平郗氏的郗愔[郗愔：郗超之父]为镇军大将军；任用琅邪王氏的王劭[王劭：王导的第五子]任尚书仆射；任用外戚太原王氏王蕴为徐州

刺史、都督江南晋陵诸军事，后王蕴转任尚书仆射。虽然谢安对各个家族也略有抑制，但尺度都拿捏得恰到好处。即便是被排挤出朝廷的王坦之，谢安也仍旧维系着二人之间的亲密关系，直到王坦之去世，他们一直有书信往来。谢安的用人和待人方式，不仅平衡了各个士族的权力，使每个士族的权力都不能独大，而且还最大程度地团结了所有可用的力量。如此，在谢安的调停之下，皇室、外戚、几大士族都各得其所、各安其位。

此外，谢安还特别主张推行德政。在辅政之初，谢安下令在水旱天灾发生的地区免除百姓的税赋，或免除一年租布，或免除半年租赋，或赐给穷苦百姓五斛[斛：量器名，也是容量单位，古代十斗为一斛，南宋末年改为五斗]粮食。太元二年（377年），为了更大程度地笼络江东大族，发展生产，谢安开始改革收税的方法，积极推行减赋增产的举措，下令废除按田亩收租的制度，改为王公以下每人收米三斛，免除服兵役人员的税赋。这种税收制度对田地多的世家大族很有利，由于按人收租，很多世族开始拓荒以扩大耕种面积，农民也愿意多耕种土地，获得更多收益，这在客观上促进了农业生产的发展。另一方面，这种按人收税的制度改变了西晋以来王公以下贵族及其荫庇人户不纳税的规定，成为一项人人都要纳税的相对公平的制度，所以并没有引起东晋底层百姓的异议，实行起来也较为顺利。但是这种制度也有一定的弊端，它增加了田地少、人口多的底层农户的负担，对没有田地的北方流民更是不利。

为了安置北方南迁的侨民，东晋于淮南江北设置侨州郡县[侨州郡县：东晋、南朝时在其管辖地区内用北方地名设立的郡县。当时北方人民与士族大量南迁，多相聚而居。政府为了安抚流民和招徕北方士族，设置侨州郡县，保持北人原籍贯]，谢安下令将淮北的流民迁到淮南，使他们安定守业，不仅避免了前秦掳掠所造成的损失，而且也降低了流民因无业而生乱的风险，更为重要的是，这批流民成为淮南发展生产的人丁以及募兵的主要来源。北方侨人在江淮一带安顿下来后，富裕人士多已购占大量田地，修别墅、置家业。而流民要么沦为佃客、奴仆，要么获得少量土地，成为自耕农民。他们与江淮本地百姓生活无异，但是因为户籍是白籍，不算正式户籍，不负担朝廷赋税徭役，这容易引起南北民众的矛盾。为了消弭这种矛盾，谢安完善了东晋已有的土断制度[土断制度：东晋、南朝废除侨州郡县，使侨寓户口编入所在郡县的政策]，厘清侨州郡县与原有郡县的隶属关系；清查由豪强隐占的私属，充作政府的赋役对象；将这些侨人在所居郡县编入正式户籍，赋税徭役与南方本地人一样。这些举措在客观上加速了北方侨民融入南方民众的进程，增加了东晋的收入和兵源，使得“财阜国丰”。

太元四年（379年），襄阳、淮南发生战事，朝廷下令御供从俭、百官俸禄减半，停止一切非军国要事的差役和费用。太元五年（380年），由于荒年，农民歉收，谢安又下令免除太元三年之前全部的旧租和旧债，又赐给鳏寡无依之人各五斛米。其后，朝廷削减繁杂费用，精简了吏士七百人，减少了朝廷的支出，减轻了百姓的负担。通过这些举措，江东连年丰收，百姓安居乐业，粮食布帛丰富，民间一派“丰年人乐业，陇上踏歌行”的祥和之气，东晋国库也日渐充盈起来。

（三）“举察贤能、不避亲仇”的用人之道

在举察官员上，谢安秉持“文武用命，不存小察，弘以大纲”的任用标准，不在小事上苛求于人，而是从大局着眼。他任人唯贤，用人唯才，

"外举不避仇，内举不避子"，知人善任。

谢安曾举荐自己的侄子谢玄出镇兖州。对于这一举荐，朝野之中也有非议，认为这种内举不避亲的推举未必公允。当时的中书郎郗超虽然与谢玄不睦，但是也仗义执言："虽然谢安违背众议推举自己的亲人，但他的举荐很明智，谢玄定能不负推举，因为他很有军事才能。"当时人们问他如何知晓，他说："我曾经和谢玄共同在桓公[桓公：指桓温。在出任桓豁的司马之前，谢玄曾任桓温的掾属]府内共事，即使是很小的事，谢玄也能做得很好，所以我知道。"于是，朝廷接受了谢安的举荐，将谢玄召回，担任建武将军、兖州刺史，领广陵相，监江北诸军事。

谢安还推荐了简朴直率的桓伊外镇豫州，选拔徐邈做孝武帝的老师，推荐名儒范宁做中书侍郎。谢安所推举之人都不负众望，皆能各司其职。即便所选之人个性桀骜，谢安也能礼贤下士。他听说品德高洁的羊绥很有才华，很希望羊绥能到自己的府中任职，于是便派人去求请，但是性情高傲的羊绥却始终不肯前来。后来羊绥在担任太学博士时，因有事面见谢安，谢安便立即召见他，还让他做了主簿[主簿：魏、晋以后，为统兵开府大臣幕府中重要僚属，参与机要，总领府事]。谢安对朝中所用之人也有深刻的了解，他曾说刘牢之不可独任，又说王味之不适宜掌管城池。后来，刘牢之以叛乱告终，而王味之也因为贪婪而败走麦城，都验证了他知人的远见卓识。

谢安"不凭挟主之威，不以外戚苟进，不借强枝压干"，匡扶了岌岌可危的晋室政局，得到朝野的一致认可。在他的这种宽厚为政的治下，不仅平息了朝廷内部纷争，出现了"君臣辑睦，内外同心"的局面，东晋也迎来了短暂的中兴之局。

担任宰辅的谢安在建立事功的时候，仍不废玄学清谈。一次，他和王羲之一起登上冶城，谢安悠闲地凝神远眺，远山在望，谢安又萌生了隐逸的想法。不过，此时他的“隐”只能是隐于朝堂之上了，因为前秦大兵压境之患迫在眉睫，亟待他和他的家族去解救。

抵御外敌的练兵

谢氏从入朝为官起，谢尚迫于桓氏家族的压力，谢奕、谢万二兄弟又都以文才见长，没有军事才能，所以谢氏家族一直没有建立一支可靠的军事力量。谢安进入晋室中枢的早期，同样没有可靠军事力量的支持，以他的智慧完全明白，没有军事力量，建康既不能与上游桓氏维持平衡，也不能应付北方前秦的威胁，当然更不能使谢家稳固于朝堂之上。因此，谢安需要一支可以控制的军事力量。但在以军权谋求门户利益的时局之下，建立为自己家族所用的军队并不容易，所以谢安一直静候时机。

太元二年，迫于前秦的压力，朝廷征召能够抵御外患、镇守北方边境的良将，谢安趁机举荐了时任征西将军桓豁司马的谢玄，于是朝廷任命谢玄为建武将军，代替桓氏旧部朱序做了兖州刺史，领广陵相，监江北诸军事。

同年八月，荆州刺史、征西大将军桓豁去世，一直扎根于荆州的桓氏家族自然不准旁人染指荆州权柄。十月，桓冲代桓豁领荆州刺史。此时，桓氏家族内部面临重新调整，无暇顾及长江下游势力。谢安便抓住机会，即刻命谢玄借这个空隙从而不被桓氏家族阻挠地迅速组建军队。

于是，谢玄便在南迁的北方士族和流民之中选拔精壮之人组建新军。

北方来的将门世家子弟，自然希望通过战功，跻身士族之林。淮北又有大量流民南迁，他们没有土地，加之服兵役可以免除赋税，因此有大量的将领士卒人才可供谢玄甄选，谢玄便从中招募了大量骁勇之士，组建的军队人称“北府兵”。

北府兵

晋室南渡后，徐州、兖州在建康北境，徐州、兖州刺史的军号多以“北”而封，如平北将军、征北将军、安北将军或北中郎将，所以徐州、兖州刺史的军府通常会以“北府”相称[京口也有北府之称，一方面也是因为地处建康以北，另一方面京口一直是徐、兖二州的治所]。“北府兵”即是北府统率的兵士。东晋时期，多是以镇守的将领为一州刺史，以州设府，领兵操练，执掌一方军政大权。当时的军府一方面可以统兵，同时又可以开府招募僚属，有较大的自治权。早年，郗超之祖郗鉴曾有一支北府军事力量，以此来护卫建康的安全。但是后来由于桓温兼并致使军队四散。

谢玄所组建的北府兵之中，所招募的将领很多出自北方将门世家，如刘牢之[刘牢之：父亲刘建是谢氏豫州的旧将，谢万北伐时，曾派刘建修建马头城池]、何谦[何谦：曾是徐州刺史庾希的部将]等，官长、士卒很多人有与北敌作战的经验，这支部队一经优秀的将领稍加训练指挥，就可成为护卫建康、抵御北敌的重要武装。另外，谢安还在侨郡、侨州招募了一些府兵，这些府兵平时务农以充军粮，闲时习武，在长江以南随时做好御敌准备，作为军事后备力量，是一支强大的预备役部队。

谢玄所领的兖州刺史，原本是桓氏旧部朱序之职，谢玄替任后，朱序改镇襄阳，隶属荆州桓氏。其后，谢玄又兼王蕴所领徐州。于此，谢氏子弟终于有了可依靠的军事力量。从早年谢安推荐王蕴外镇徐州挤走桓氏，到后来的种种人事安排可见，谢安谋事深远，远非当时其他东晋臣属能够匹敌。

如果说谢安当初的出仕仅以门户利益为计，那么站稳脚跟之后，幼时深受祖辈谢衡训导的“齐家、治国、平天下”和“达则兼济天下”的儒家事功理念，在此时则为谢安开启了更远大的政治抱负。谢安以他亦儒亦玄的气质维护了东晋的安定与平稳，为当时和后世所赞叹与倾慕。从家族中濡染的雅士之气，也因他的事功成就被进一步深化，被子侄和后辈传习。

第二节　策马淝水

历史从不谱写传奇，那些看似荒诞不经和惊世骇俗之事，其离奇之处都有可以寻究的原因，东晋八万军大破前秦“百万”军的淝水之战亦是如此。如果一定要说些传奇事，那便是谢安“运筹帷幄之中，决胜千里之外”的从容气度，以及谢氏子弟帐下令前秦军闻风丧胆的“草木之兵”了。淝水之战的胜利，不仅使谢氏家族登上了权力的巅峰，也使谢安“谈笑山水间，建功魏阙上”的一生终得圆满，因为他的第二个对手是领兵百万的一代英主——苻坚大帝。

笑傲群雄的前秦

（一）圣君贤相的共治

352年[352年：东晋永和八年，前秦皇始二年]，前秦丞相苻雄等人奏请天王苻健可依汉、晋之制称皇帝，苻健采纳此议，遂即皇帝位，而后诸公晋爵为王，册立苻生为太子。苻健死后，苻生继承皇位，残暴无度的苻生登上王位没多久，上至顾命大臣，下至奴仆小吏，竟然诛杀了五百多人。暴虐的苻生对他的堂兄弟苻坚[苻雄之子]也很忌惮，意欲谋杀他。听闻苻生意图除掉自己，苻坚便抢先动手，杀掉苻生，僭越做了前秦的天王。

苻坚心性仁孝，博学多才。他胸怀寰宇，有经世济民的志向；结纳豪杰，有图霸天下的雄心。同谢安一样，此时他接手的前秦也是一个危如累卵、四面楚歌的政权。生性残暴的苻生虽然死了，但朝堂上下的奸佞之徒尚未剪除，致使豪强横行，赏罚不公、纲常废乱、法令不畅之事时有发生。由于迁徙，关中地区多个民族杂居，矛盾重生，加之连年灾荒，百姓苦不堪言。与此同时，前秦四野也并不太平，北面是骁勇善战的鲜卑拓跋氏政权，南面是奉正朔对自己屡加讨伐的司马晋室，西面是野心勃勃并与东晋交好的前凉张氏政权，东面则是虎踞龙盘对自己垂涎三尺的前燕慕容家族。

苻坚即位后，重用了北方谋士汉人王猛。在王猛的辅佐之下，苻坚广招贤才，恢复宗祀，发展农业，设立学校，照顾孤老，又果断剪除了把持朝政的前朝佞臣，整顿吏治，先后诛杀了二十多个不法的贵戚豪强，于是，京城内外百官震肃，豪强贵戚无不谨守法纪，社会风气大为好转。

王猛扪虱谈天下

王猛，字景略，北海剧县[剧县：今山东寿光市南]人。他出身微贱，少时家贫，以卖畚箕为业。王猛英俊魁梧，爱读书且博学众家，尤好兵书。他为人持重坚毅，胸怀广阔，志向远大，不拘小节，胸怀佐世的大志，但一直隐居华阴山，以期敛翼待时，候风云而动。

354年[354年：东晋永和十年，前秦皇始四年]，桓温统领步骑、水军数万人征伐关中，击败前秦军队后，驻军灞上，关中父老以酒肉相迎，老人们涕泪俱下，说“想不到今天又能见到官军”[此地原是晋国领土，东晋南渡后，北方被少数民族占据，故有此语]。此时的王猛也凑了这个热闹，他身着褐衣[褐衣：兽毛或粗麻制成的短衣，古时贫贱人所穿的衣服]参见桓温，一面谈论天下时局，一面捉身上的虱子，旁若无人。桓温觉察王猛是个奇才，在他退兵之时，赐给王猛车马，拜高官都护[都护：魏晋时是统率诸将之官]，恳请王猛跟自己去荆州，王猛思量之下，认为他与桓温无法并存，且关中也是大有作为之地，于是辞谢了桓温的好意。

王猛的拒绝，自然令桓温失望，但这一决定却成就了一位英主——苻坚。苻坚在做天王之前听说王猛是个人才，即派人请王猛见面。二人一见如故，对天下兴废之事，见解出奇地一致，如刘玄德得遇孔明一般。苻坚即位后，王猛也成为他最亲信的大臣。

苻坚又下令实行休养生息的政策，偃甲息兵，大力发展生产。鼓励农工，垦荒地，开矿山，节俭宫廷用度。遇到灾荒年份，便下令减免部分租税，节约官府开支，降低官俸，减轻徭役。这些举措使得前秦经济迅速恢复，百姓衣温食饱，几年后前秦便出现了安定清平、家给人足的新气象。

359年[359年：东晋升平三年，前秦甘露元年]，王猛被任命为侍中、中书令兼京兆尹[京兆尹：职权相当于郡太守，因地属畿辅，故不称郡]，苻坚让他裁夺一切军国内外之事。被授予重权的王猛继续推行德政，通过整饬法令，使社会公平得以贯彻；通过兴办教育，选拔治理国家所需的人才；通过废除“胡汉分治”，确立“黎元应抚，夷狄应和”的民族政策，缓和民族矛盾，促进民族融合；通过兴修水利，奖励农桑，发展社会经济，改善民生。主相二人仅用了不到十年的时间，就平息了内乱和矛盾，使得前秦民富国强。

（二）所向披靡的军队

前秦崛起之后，国力日益强盛，安内而后攘外，苻坚开始着意开疆拓土。自366年[366年：东晋太和元年，前秦建元二年]起，前秦通过政治和军事等手段使北方诸多匈奴部族陆续臣服。之后，苻坚决定攻伐东方的前燕和西面的前凉。

369年[369年：东晋太和四年，前秦建元五年，前燕建熙十年]，在桓温攻打前燕之时，前燕君主慕容暐派人求救于前秦，并允诺事成后割虎牢[虎牢：今河南荥阳市汜水镇西。相传周穆王获虎柙于此地，故有此名]以西之地给前秦。王猛觉得对前燕应该采取“先救后取”的对策，即先援弱燕、击强晋，再乘燕衰而取之，不能让桓温攻占中原，否则前秦“大事去矣”。苻坚赞同，随即派大将苟池、邓羌率军营救前燕。苟池于谯郡截击桓温，击杀万余众，桓温狼狈逃归。但事后，前燕毁约，没有割地给前秦。次年，前秦以前燕毁约为名，趁机派王猛统兵六万众讨伐前燕，其时，前燕的慕容评统帅三十万军抵御前秦军，慕容评贪婪吝啬，借抵御秦军之名大肆敛财，使得士卒愤怒怨恨，战意尽失，被英勇的王猛军杀得大败，逃归邺城。前秦大军东进追击时，由于王猛的部队军令严明，对前燕百姓秋毫无犯，兵至邺城，燕民安宁。十一月，慕容氏开城投降，前燕灭亡。

对于西面的前凉，前秦采取恩威并施的手段，步步紧逼。366年[366年：前凉升平十年]，东晋联络前凉意欲一起对抗日益强大的前秦，前凉张天锡派使节到长安宣告断绝与前秦的藩属关系。次年，曾依附前秦的一方豪强李俨为了增强自己实力收容了前秦的叛军，与前秦关系破裂，张天锡见李俨势单力孤便派兵收缴，李俨不敌又求救于前秦。于是，苻坚派王猛出兵，王猛击溃张天锡军，俘虏了前凉部将阴据和五千余将士，而后又智擒了背叛的李俨。在此时期，前秦对前凉一面攻伐，一面拉拢安抚。371年[371年：东晋咸安元年，前秦建元七年，前凉升平十五年]，等到东线与前燕的战事结束后，王猛领兵大破前凉张天锡军，夺占重镇袍罕[袍罕：今甘肃临夏一带]。根据苻坚的旨意，王猛将以前所俘虏的将士送还，张天锡惶恐，于是又臣服于前秦[其后，张天锡再次反叛，于376年再降前秦，又于383年淝水之战时降东晋]。

此后，前秦又用了两年时间攻取了巴蜀及其以南地区。这时，苻坚先后征服了北方匈奴、东方前燕、西方前凉和西南的巴蜀，已经统一了中国北方大部分区域[前凉、北方代政权名义臣服，但后来又反叛]，十分天下，前秦居七。此时，面对刚刚北伐失利、已遭受重挫的东晋，苻坚自然摩拳擦掌、跃跃欲试要将其征服。

王猛的谏言与谢安的部署

375年[375年：东晋宁康三年，前秦建元十一年]，平定内忧外患的前秦正是一派蒸蒸日上、国运昌隆的气象。然而这一年，为政堪比管仲、孔明，整军堪比乐毅、韩信的王猛却积劳成疾，走到了人生的尽头。苻坚亲自到宗庙和社稷坛为王猛祈祷，又赦免天下死罪以下的刑犯，以求为王猛延寿。王猛上书谢恩道："不承想陛下以臣之命而损天地之德，这是开天辟地以来的未有之事啊！臣听说报答恩德最好的办法是直谏尽言，故以垂没之命，敬献遗言。陛下功勋威震八方荒远之地，声望德化传播于六合之内；九州百郡，十居其七；平燕定蜀，如拾草芥。然而善作者未必善成，善始者未必善终。所以，自古以来的明君圣主深知创业守成之不易，无不战战兢兢，如临深渊。恳望陛下以他们为榜样，则天下幸甚！”苻坚读后流泪不止，左右之人亦为之悲恸。

七月，王猛病危，苻坚探望弥留之际的王猛，问他身后之事，王猛再次进言说：“晋虽处于僻陋的吴越之地，但却是华夏正朔的延续。陛下应任用贤能，实行德政，修缮与邻邦的关系，这才是立国的法宝。臣死后，希望陛下不要图谋晋地，鲜卑、西羌虽降伏，但叛逆之心不死，他们才是我们的仇敌，终究要成为祸患，应逐渐剪除，以利于国家。”言终而卒，时年五十一岁。入殓时，苻坚三次去哭吊，他对太子苻宏说：“难道是上天不愿让我统一六合吗？为何这么快就夺去我的王景略啊！”前秦按照汉朝安葬大将军霍光的旧例，隆重地安葬了王猛，并追谥王猛为“武侯”，朝野巷哭三日。

王猛在他生命弥留之际，力劝苻坚要“守成、亲仁、睦邻、除患”，以此来稳固前秦的统治，以当时北方初定、人心未稳、钱粮耗费巨大的情况而言，短期内，根本没有征伐江东晋室的可能。

除了王猛，谢安对苻坚南侵的意图也早有察觉。在他修睦君臣关系、为百姓谋求福祉的同时，就着力于军事防控并部署各军力量以备战起。他延续了东晋长期以来的方镇部署，让已在荆州经营多年的桓氏及其部属继续在长江中上游驻守，防止前秦在益州的水军南下；让桓伊负责豫州及扬州西部的长江中游地区防务；命谢玄统帅徐、扬二州的军力，驻守广陵，负责拱卫京师下游门户；任命王蕴都督江南诸军事，兼徐州刺史；同时，任命桓冲的儿子桓嗣为江州刺史，以做好江南后方粮秣供应以及兵源补充训练。这样，东晋形成了京师、广陵、夏口的犄角之势。谢安自己则坐镇京师，训练后备力量，遥控全局。如此安排，各方军镇势力均衡，大家对此安排都能接受，在后来战事危急的时候，谢安之所以能够临危不惧、处变不惊，大抵上源于他早前的决策和精心部署。

淝水之战的序曲

就在王猛去世的第三年，苻坚决定对东晋襄阳用兵，此次用兵一方面意欲试探东晋的军事实力，另一方面也打算占领襄阳这个经济、战略重镇，以此作为进兵东晋的军事基地。378年[378年：东晋太元三年，前秦建元十四年]二月，苻坚派征南大将军苻丕率领步骑兵七万进犯襄阳，征虏将军石越率领一万精锐骑兵出鲁阳关[鲁阳关：在今河南鲁山西南]，京兆尹慕容垂[慕容垂：在与桓温的交战中，慕容垂斩杀晋兵三万余，立下战功，前燕太傅慕容评嫉妒慕容垂的威名，害怕权柄旁落，决定密谋诛杀慕容垂，慕容垂获悉出逃，几经辗转投奔前秦，苻坚厚待慕容垂父子。王猛对负有雄才的慕容垂颇有戒心，劝苻坚除去慕容父子，苻坚坚决不同意，并对他们委以重任]、扬武将军姚苌率领五万兵出南乡[南乡：今河南淅川县南]，领军将军苟池、右将军毛当、强弩将军王显率领四万兵出武当[武当：今湖北丹江口市西北]，十七万军马会合后攻打朱序镇守的襄阳。为配合襄阳的攻势，前秦遣梁州刺史韦钟围攻东晋西北重镇魏兴[魏兴：今陕西安康]。

起初朱序认为前秦的军队没有舟船，所以未做防备，等到石越率领五千骑兵渡过汉水，朱序才仓皇应对。石越攻克了襄阳的外城，缴获了一百多艘船只，用来接运北岸的兵众。后来苻丕统率众将领猛攻中城，但没有成功，苟池向苻丕进言道：“我们部队十倍于敌，粮秣堆积如山，只要迁汉水一带民众到许昌、洛阳，切断敌人粮道、阻绝援军，他们就是网中之鸟，何必担心不能攻取襄阳，而非要多杀将士呢？”苻丕采纳了他的建议，用围城打援的戍守策略来夺取襄阳。当时，慕容垂攻下了南阳，抓获太守郑裔，到襄阳与苻丕会合。朱序无计可施，只得死守襄阳，以等待桓冲的救援。此时，长江上游的荆襄军事统帅桓冲的策略是“全重江南，轻戍江北”，部队也由江陵移驻“北枕大江，西接三峡”的上明[上明：今湖北松滋]，故有放弃汉沔[汉沔：荆州地界中长江以北的区域]的打算。此时桓冲虽然拥兵七万，但因畏惧前秦大军，不敢前去救援，于是命令南郡太守刘波率领八千人马前去解襄阳之围，刘波亦畏惧不敢前进。桓冲此举，令朱序心寒，自此远离桓氏。因为没有援军，朱序在死守襄阳近一年后，于次年二月城破被俘。四月，韦钟攻克魏兴。自此，东晋自襄阳以上汉水流域的土地，都被前秦军平定。

就在苻丕攻打襄阳的同时，前秦兖州刺史彭超向苻坚建言，可以从东线进攻由戴逯镇守的彭城，以策应苻丕攻击襄阳的行动，这样东西并进，建康就会更加容易平定。苻坚同意了他的方略，于是派彭超率军四万围攻彭城，又遣后将军俱难率军七万进攻淮阴[淮阴：今江苏淮安市淮阴区西南]。当时，负责东晋下游防务的军事统帅谢玄的策略则是“积极用兵于江、淮”，见到前秦军围攻彭城，谢玄率后军将军何谦前往援救。在探知彭超将辎重留在留城[留城：今江苏沛县东南]后，谢玄便佯装派何谦等人进攻留城，彭超上当，还军留城以保辎重。谢玄趁势派何谦疾速进兵，解了彭城之围。

攻陷襄阳后，前秦将领毛当、王显率军两万自襄阳东进与彭超会合。彭超、俱难以六万人围东晋幽州刺史田洛于三阿[三阿：今江苏高邮市北阿镇]。三阿距离广陵仅有百里之遥，听到这一消息，晋室上下哗然，急派征虏将军谢石率水军到涂中[涂中：指涂水流域，今安徽滁河]一带进行防备。右卫将军毛安之领兵四万驻防堂邑[堂邑：今江苏南京市六合区北]，被毛当两万骑兵突袭，毛安之四万大军溃散。于是，谢玄自广陵起兵援救三阿，进攻彭超、俱难部队，取胜。彭超退守盱眙[盱眙：今江苏淮安市西南]，谢玄联军田洛共计五万人马追击彭超、俱难，再胜。彭超、俱难二人只得领军退守淮阴，谢玄又派后军将军何谦等率领水军进据白马[白马：今河南滑县一带]，攻击彭超、俱难的大军，北府兵的参军刘牢之又破前秦军，斩前秦将领邵保，三胜。彭超、俱难败退淮北。谢玄率何谦、戴逯和田洛等人追之，大破前秦军于君川[君川：位于盱眙以北]，四胜。彭超、俱难大败，向北逃窜，仅以身免，十数万军马全军覆没。至此，谢玄四战四捷，北府兵一战成名。谢玄因军功进号为冠军将军，加领徐州刺史，封东兴县侯，仍旧驻守广陵。

这一阶段的作战，苻坚有得有失，所得即夺取了陕南重镇魏兴，占领了江北要塞襄阳，获得了重要的前沿基地，实现了南向用兵的战略意图；所失在于彭超先胜后败，损兵十万余众，前秦军的士气大受折损，畏战情绪开始滋长；攻伐襄阳，前秦日费黄金万两，粮草更是消耗无数，得不偿失。

江东晋室亦是有失有得。所失即丢掉了长江上游的襄阳、魏兴两大重镇，从此东晋进入被动的战略防御态势。东晋所得在于将领迅速摸清了前秦军的战力，在战斗中将士不再畏战；明确了用兵策略，长江上游的桓冲在江汉流域与前秦军队周旋，长江下游的谢玄在江淮流域阻击前秦军队；长江下游北府兵可堪重用，四战四胜的战绩使士气高涨；更难能可贵的是各军在作战过程中逐渐形成配合，彼此策应。

苻坚得知彭超战败，至为震怒。将彭超、俱难解往京师议罪，彭超畏罪自杀，俱难被废为庶人。380年[380年：东晋太元五年，前秦建元十六年]，为了安定四方，苻坚又做了一个愚蠢的决定，即仿效古时制度，将关中十五万户氐族人分封到前秦各地。既然要应对内外祸患，自应是以聚集人力、军士为上，各处分封会导致各处的氐族人在势力和人数上都处于劣势。这样一来，京都长安地区氐族人口少了，反而是鲜卑等异族人口相对多了，民族矛盾的隐患反而由于氐族失去人数上的优势而渐渐显露。

襄阳一战后，此时的苻坚若是能记起昔日王猛的肺腑之言，汲取教训，自当是一代圣主，然而自负的他早将王猛的告诫抛于脑后。他忘记了王猛所担心的北方初定、民心不稳，鲜卑、羌虏存在反叛的隐患等一系列问题，也忘记了王猛“守成、亲仁、睦邻、除患”的临死谏言。向南进兵，统一六合，做一个大帝，成了苻坚心目中最重要的事情。

一决雌雄的鏖战

（一）一意孤行的苻坚

382年[382年：东晋太元七年，前秦建元十八年]，苻坚会群臣，廷议南侵。苻坚说：“我继位已将近三十年，四方都已平定，只有东南一隅还未归服。

每当我想到天下还未统一便食不知味，现在意欲起天下之兵讨伐东南，算来我军有九十七万众[后来参加战斗的实际有八十七万人]，我将亲率大军征伐南方，各位意下如何？”没想到，苻坚的雄心壮志却遭到了群臣的反对，前秦的大臣多数认为当时的东晋虽然国运衰微，但是却没有丧失德行，朝廷君臣和睦、内外同心，没有昏乱不忠的可乘之机，况且又有谢安、桓冲等才能卓著之人，加之又有长江作为天险，所以建议养兵积谷，静待时机。

投鞭断流

当时大臣以长江天险为由谏止苻坚进兵，苻坚不以为然，他说："仲谋泽洽全吴，孙皓因三代之业，龙骧一呼，君臣面缚，虽有长江，其能固乎？以吾之众旅，投鞭于江，足断其流。"意思是，孙仲谋恩德遍布吴地，孙皓继承三代大业，但是龙骧将军[指西晋龙骧将军王濬]振臂一呼，东吴的君臣便反绑双手而降，虽然有长江，但又有何用？以我前秦大军的数量，把马鞭扔到长江中，都足以隔断长江之流。

"投鞭断流"，用于比喻兵士众多或兵力强大。

伐晋之事久议不决，只得暂且作罢。苻坚愤愤地说："所谓'筑室道谋'就是因为出主意的人太多，我要自己做出决断。"群臣散去后，苻坚留下幼弟苻融想征求他的意见。苻融亦以天象不利、晋室上下和睦以及将士疲劳、畏战情绪蔓延为由反对攻伐。苻坚脸色大变，说道："你也如此，天下之事，我还能跟谁说呢？如今我有百万之众，辎重堆积如山，我虽不是明君圣主，但也不是昏聩无能之辈，凭借多年征战胜利的威势，击败垂亡的晋室，有什么不能取胜的呢？我终不能把贼寇留给子孙解决，成为宗庙社稷之忧啊！”苻融听后，哭着劝谏，重提王猛死前的话，但也未能说动苻坚。后来，苻坚敬重的名僧释道安、太子苻宏、苻坚宠爱的中山公苻诜以及宠妃张夫人皆反对伐晋，苻融等人亦屡次上书表示反对，苻坚仍旧固执己见。

然而，此时前燕降将慕容垂却极力赞成苻坚南下，他给苻坚进言说：“以前晋武帝平灭东吴孙皓时，群臣也是反对，只有张华、杜预几个人力促伐吴。若采纳多数群臣的意见，怎能建立不世之功？”苻坚听了这一席话，正中下怀，他赏赐给慕容垂绸缎五百匹，并下定决心南征。

（二）苻坚的用兵方略

比照晋武帝灭东吴的用兵方略，苻坚照猫画虎地制订了具体的作战计划。兵法讲求以“道、天、地、将、法”五个根本因素为基础，分析评估战争双方的优劣，从而掌握战争胜负的主动因素，获得胜利。然而苻坚的用兵方略却处处与兵法相违背。在道义上，江东晋室仍得民心，苻坚发动的战争无法得到民众的支持，不能形成上下同心的有利局面。在时机上，382年，前秦的幽、冀、青、并四州千里土地发生了蝗灾，历经秋冬而不灭，使得前秦东部农田减产，民生困苦，不利于物资准备和军事动员。晋武帝伐吴是冬季进兵，而苻坚意欲在炎热的季节进军南方，没有考虑到将士会有水土不服的状况发生。且在襄阳一战后，东晋必然会增强防备、提高警惕，前秦军也就失去了军事攻击的突然性。在地利利用上，因刚刚打下的襄阳还未充分经营，不能成为攻伐东晋的基地，北方士兵对在江淮一带的作战亦十分陌生。与此同时，苻坚在益州

[益州：各朝治所不一，多在四川、云南一带]也模仿西晋灭吴时的大将王濬训练水师，但王濬在益州整练水军长达十年之久才用于军事，而苻坚任命裴元略经略益州水师仅一年时间，所以南进部署的水军亦无奇正可言。在将领安排上，苻坚要亲自统率大军南下，事实上前秦统一北方的数次用兵，苻坚没有做过一次前敌统帅，根本没有指挥大兵团作战的经验。在用人上苻坚也有重大失误，当时北方初定，人心未稳，苻坚任用了大量的前燕、前凉降将做独立的部队统帅，其中姚苌[羌人]节制梁州、益州兵马，慕容垂[鲜卑人]做前锋，张天锡[前凉]、朱序[东晋]等降将都在军中担任要职，这些人并未彻底臣服于前秦，皆心怀异志。

在军事部署和指挥上，苻坚更是错误百出。第一，百万大军兵力分散，只是徒有声势而未能形成军马数量上的优势。第二，很多新招募的士兵未经集结整训，作战经验少，作战能力弱。第三，作战目标不切实际，难以实现，苻坚部署了三路大军，分别是“东路”——由苻丕都督关东诸军事，统领幽州梁谠、平州石越等地的军队，会合彭城的都贵军南下攻击，但是可能由于前秦东部地区叛乱刚刚平息且发生了蝗灾，东路大军迟迟未倾力南下；“中路”——主力由苻坚亲自统率，苻融、慕容垂、梁成等人为前锋直扑东晋的江淮之地；“西路”——水陆大军由姚苌总领，裴元略率领水军沿长江而下。三路大军以中路为主，攻打江淮，最终的目标是会师建康，攻灭东晋。然而假使前秦军能够在江淮获胜，可是没有强大的水军又怎能打到隔江而望的建康呢？百万大军驻扎于江北，钱粮耗费巨大，日久难以维持，会师建康只能是妄想。第四，疏于前秦国内的防务部署，前秦军将士倾国而出，全力攻打东晋，京师及各个重镇守备自然空虚，在当时北方初定的情势下，这一举动实在有些冒险。第五，征召百万人马对东晋作战，辎重钱粮耗费巨大，仅就襄阳一战的十七万人马，黄金日费都在万两左右，何况百万军的花费。这就必然使得国力空虚，由此可能导致赋税增加，激起社会矛盾。但这些苻坚都没有考虑，他也从来没有谋划过若前秦军攻击不利，又当如何退守。兵法云："多算胜，少算不胜，而况于无算乎？"一意孤行的苻坚缺乏周密冷静的分析和部署，依仗自己的"百万大军"，自负"投鞭于江，足断其流"的军威，认为征服东晋"犹疾风之扫秋叶"一样容易。在草草制订了出兵方略和作战计划后，便开始贸然远征了。

383年[383年：东晋太元八年，前秦建元十九年]的八月初八，苻坚发兵长安，亲率步兵六十万，骑兵二十七万，开始大举南下。九月，苻坚带领中路大军抵达项城，中路前锋苻融等人的部队三十万人先期抵达颍口，西路凉州的军队到达咸阳，梓潼太守裴元略率水师七万从巴蜀顺流东下，东路幽州、冀州的军队抵达了彭城，南北千里，东西万里，水陆并进，场面浩大，气势汹汹直奔东晋而来。

（三）谢安的防御部署

百万大军压境的消息，顷刻间传到了东晋的朝堂之上，朝野为之震动，恐惧的气氛席卷整个东晋，朝廷即刻任命谢安为征讨大都督。有鉴于前次彭城、襄阳用兵的得失，谢安仍以淮南、荆州两翼防卫，京畿居中接应的防御部署，根据前秦军中路重兵南侵的情势，以淮南为防御重点，调整了淮南的军事部署。

谢安命其弟谢石解尚书仆射之职，以征虏将军的封号任征讨都督，即江淮战区的统帅，命徐、兖二州刺史谢玄为前锋都督，率领辅国将军谢琰、北府骁将刘牢之等从东线沿淮水西进，西中郎将桓伊统领八万兵众从南部兵发历阳[历阳：今安徽和县]，抵抗前秦，并让龙骧将军胡彬带领五千水军援助寿阳。共分三路兵马北上迎击前秦军，江淮战区的主要作战任务是阻止前秦中路大军向淮南推进威胁建康，积极用兵于江淮之地。谢安自己坐镇建康，总体负责长江下游和京畿地区军务，居中调度。

荆州方面的桓冲因坚持“全重江南，轻戍江北”的防御性政策，将荆州州府设在长江南岸的上明，淝水战前，桓冲命令冠军将军桓石虔镇守南平[南平：今湖北公安县东南]，前将军刘波镇守江陵，襄阳太守桓石民戍守夏口。荆、江刺史桓冲坐镇上明，互为犄角。

因为此前丢失了襄阳、魏兴两大重镇，荆州将士一直在寻机收复。五月，桓冲率十万军攻击襄阳。他命令前将军刘波攻打沔北，辅国将军杨亮进军蜀地攻打涪城[涪城：今四川三台西北]，鹰扬将军郭铨攻打武当。六月，桓冲军攻克万岁、筑阳[万岁、筑阳：皆在今湖北谷城境内]。苻坚命令前秦中路大军前锋统帅苻融派遣征南将军苻睿、冠军将军慕容垂等率领五万步、骑兵救援襄阳，又派兖州刺史张崇救援武当，派后将军张蚝、步兵校尉姚苌救援涪城。七月，郭铨及桓石虔在武当打败了张崇，掳掠了二千户百姓后返回。慕容垂在夜晚命令军中士兵每人手持十个将束苇系在树枝上做成的火把，光照数十里。桓冲中计，以为敌众我寡，命令全军退回上明。

虽然桓冲未能夺回襄阳，但此举在战略上策应了下游江淮战场的形势，使得前秦军中路大军前锋分兵援救襄阳，减轻了江淮战场的压力。与此同时，牵制了前秦西路的步、骑兵，使其无暇东顾，这更减轻了长江下游的防守压力。

（四）泰然自若的谢安

前秦大兵压境之时，满朝之人皆惶惶不可终日，所有人都在等待谢安给出一个主意，此时的谢安，心中似乎早有决断，只淡淡说了一句：“可将当轴，了其此处[大意是：可以任用当朝的杰出之士，把他们了断在这里]。”

谢玄出发之前，特地去跟谢安告别，借由请示机宜。谢安神情泰然镇定，回答道：“已另有安排部署。”然后就默不作声了。谢玄不敢再问，便派好友张玄之再去请示。谢安于是驾车去山中别墅游玩，等到亲朋好友聚齐了，又坐下来与谢玄下围棋赌别墅。谢安平常棋艺不及谢玄，但这一天谢玄心慌意乱，最后反而败给了谢安。谢安回头对外甥羊昙说：“这个别墅给你啦。”说罢又游玩去了，到晚上才返回，然后立即召集将帅，指派任务。

桓冲见前秦倾力南侵，担心建康防务，于是派三千精兵赴建康，以保卫首都，谢安坚决不肯接受，说：“朝廷已计划妥当，不缺少军备，派来的部队应该回去加强西边防务。”桓冲对部下叹息道：“谢安虽有政治才能，但却不知用兵的谋略，大敌当前，还在游山玩水，又派遣谢玄这样不经事的少年去作战。双方兵力如此悬殊，天下事不难预料，我们恐怕要被异族统治了。”

大战的序幕，就在谢安的镇定与桓冲的忧虑中渐渐拉开了。

十月，气势汹汹的前秦中路大军前锋苻融，率军二十余万攻克寿阳。寿阳是淮水南岸的水陆交通枢纽，可退可进，而且一旦西路水军能迅速赶到，则可以顺水而下威胁建康，此时，东晋情势危急。慕容垂率数万鲜卑将士在解了襄阳之围后回军东向又攻下了郧城[郧城：今湖北安陆市]。苻融命令前秦东路大军卫将军梁成等率领五万兵众驻扎洛涧[洛涧：今安徽淮南市以东，由南向北流入淮水的一条小河]，沿淮河布防以遏制东面而来的东晋援军。获悉寿阳失守，东晋将领胡彬带领五千水军退守硖石[硖石：今安徽凤台西南]。苻融以为胡彬是一支重要的抵御部队，于是分兵进军攻击胡彬驻守的硖石。胡彬死守，并写信给后方带领水军的谢石求援，不幸的是，这封信落入苻融之手。当苻融得知胡彬粮尽乏援的困境，便派使者向驻兵项城的苻坚汇报："晋军兵少易擒，但就怕他们会逃走，应该快快进攻他们。"苻坚大悦，他害怕谢石逃走，便留下项城的大军，自己率八千轻骑秘密兼程赶往寿阳。与此同时，苻坚又命东晋降将朱序去晋营劝降谢石，希望能不战而胜。朱序本来就是被迫投降前秦，到了晋营，便向谢石献计说："如果（前）秦百万大军都抵达此地，那样就难以抵挡了，应抓住当前（前）秦军尚未会合的有利战机，迅速攻击秦军，若能击败秦军前锋，折损敌军士气，则必可破敌。"谢石听说苻坚已经进军寿阳，心中惶恐，不敢发兵。谢安之子谢琰力劝谢石采用朱序的计策，谢石才终于听从，于是命令谢玄加速进军。

十一月，谢玄先派遣部属刘牢之率五千北府兵乘夜奔袭强渡洛涧，梁成猝不及防，前秦军很快溃乱，北府兵临阵斩杀梁成及其弟梁云，前秦军被迫撤退。此时刘牢之分兵占领渡口，阻挡了前秦军的退路，很多士兵逃往淮水，又被北府兵追击，斩杀了一万五千余人，活捉敌将梁他、王显等人，缴获了大量的军械辎重。当时，前秦军中路前锋主力在寿阳和硖石，驻守洛涧[洛涧距寿阳约百里，骑兵一日可以抵达]的梁成部队竟然成了一支孤军，且布防局限于洛涧、淮水的死地之间，由此可见，前秦军在战术上已经开始出现了较大的纰漏。洛涧之战，北府兵创造了以一敌十的骄人战绩，再次鼓舞了晋军的士气，坚定了江淮统帅谢石进军寿阳的信心，前秦军损兵折将，士气遭到重创，而且此时前秦军没有封锁住东面来的谢玄军，失去了战略上的主动，处于被东面的谢玄军和南面的桓伊军合围的境地。

谢石、谢玄等率领大军水陆并进，直逼淝水东岸，与前秦军隔岸对峙，苻坚和苻融登寿阳城观察东晋军，见其军容整齐，士气高昂。附近八公山[八公山：在寿阳城东北约五里处]上的草木摇动，苻坚以为是晋军，回头对苻融说："这是劲敌啊，怎能说他们兵少呢？"于是，心生畏惧。

前秦军沿着淝水西岸布阵列兵，谢玄军列于东岸不能过河。根据朱序提供的情报，前秦军数量三倍于东晋大军，所以一定要趁前秦军尚未会合之前争取到有利的战机，以速战速决，而前秦军前锋孤军深入，也是想迅速击败东晋军江淮主力，以消除隐患。于是，谢玄派使者对苻融说："你们孤军深入，却在淝水边上列阵，这是持久之计。哪里想速战呢？如果（前）秦军能退后一些，给将士们一些周旋之地，我与君缓马观看，不是乐事一件吗？"苻坚的部下都说："我们人多，晋军人少，应该把他们堵在对岸，使其不得上，情势一定会有利于（前）秦军的。"苻坚和苻融却认为不能让数十万大军居于"不欲战"的被动地位，决定将计就计，秦军后退一步，"待晋军半渡，我们再用数十万铁骑冲杀他们，一定会得胜的"。于是下令前秦军向后退，谁知前秦军一退，阵势就乱了，谢玄、谢琰以及桓伊趁机率军渡河，朱序见前秦军阵势混乱，于阵中高呼：“（前）秦兵败啦！”大军顿时溃散，苻融策马入乱军中试图制止乱军，战马跌倒，被东晋军所杀，前秦军自相践踏，战死的尸身遍野堆叠，惊慌失措的前秦军闻听风声鹤唳，皆以为东晋军杀到，昼夜不歇地奔逃，死伤十之七八，前秦主苻坚身中流矢受伤，单骑逃到淮北[到淮北后，苻坚率数千骑在慕容垂的保护下返回洛阳，慕容垂请诏书去镇抚原来前燕属地“造反”的民众，但慕容垂一去不回，也背叛了苻坚，而后建立后燕。最终，苻坚被他的部下姚苌杀害，走完了令人唏嘘的人生之路]。晋军乘胜追击到青冈，收复寿阳，收获辎重堆积如山，获得牛马骆驼十万余头，大获全胜。

“草木皆兵”与“风声鹤唳”

两个典故皆出自淝水之战。

“草木皆兵”，出自《晋书·苻坚载记》。“坚与苻融登城而望王师，见部阵齐整，将士精锐；又北望八公山上草木皆类人形，顾谓融曰：‘此亦勍（劲）敌也，何谓少乎？’怃然有惧色。”后“草木皆兵”用来形容极度疑惧、惊恐。

“风声鹤唳”，出自《晋书·谢玄传》。“余众弃甲宵遁，闻风声鹤唳，皆以为王师已至，草行露宿，重以饥冻，死者十七八。”后“风声鹤唳”用来形容惊慌疑惧或自相惊扰。

谢玄等击败苻坚后，捷报送到谢安府邸之时，谢安正在与客人下棋。他看完信后，收起来放在床榻上，面无喜色，继续下棋。客人忍不住问他，谢安淡淡地说：“没什么，孩子们已经击败贼军了。”客人告辞以后，谢安回到内室，过门槛时，抑制不住心头的喜悦，把木屐底上的屐齿都碰断了。淝水之战的胜利，使谢安和谢氏家族的声望都达到了顶点。危机重重的东晋王朝在文韬武略、机智沉稳的谢安治下化险为夷。

淝水之战的胜利成了谢氏家族的一座丰碑，自此，“王谢”二族并称，这一胜利不仅为家族赢得了声望，也极大地增强了谢氏子弟对家族的认同感和彼此间的凝聚力，这对家风的传承极为重要。谢安在淝水之战表现出的“破贼付儿辈，风鹤走敌阵”的从容气度、谢玄和谢琰等人表现出的履险如夷的英勇，都无不影响着谢氏子弟性格的形成。只是令谢氏子弟怎么也没有想到的是，这功高难赏的淝水之战大捷同时也给谢氏家族带来了某种不安。

第四章
“衰”

《临戴进谢安东山图》　（明）沈周

第一节　倦飞而还

纵观历史，令人扼腕的是，贤臣总遇昏君，英主恨无良将。只有幸运如管仲之于齐桓公、萧何之于汉高祖、魏徵之于唐太宗，他们治下的盛世才能一直在广袤的历史星空中熠熠发光。不幸的是，为东晋鞠躬尽瘁，济苍生、安黎元的谢安，却见疑于昏聩的晋孝武帝，为避锋芒，谢安、谢玄几次解职以表心意。这一时期，为求自保的谢家子弟形成了“素退为业、处贵遗权”的自守门风。

“把似渠垂功名泪”

在谢安的治下，东晋形成了“上下同心，君臣辑睦”共同御敌的和睦景象。太元五年（380年），朝廷任命骠骑将军、琅邪王司马道子领任谢安原任的司徒之职。仅就当时的情形来说，让司马道子领任司徒极有可能来自谢安的意愿。如果说这次举荐是谢安为了避免朝野的猜忌，也为“修睦”与皇室关系所做出的一个让步，那么接下来，司马道子成为皇室制衡谢氏权力的一股最大的政治势力，可能是谢安始料未及的。

司马曜与司马道子

司马道子是晋孝武帝的同胞兄弟，他们的母亲都是晋简文帝的妃子——李陵容。晋简文帝司马昱还是会稽王时，他的三个儿子司马俞生、司马朱生、司马天流全都早夭。后有世子司马道生生性疏躁而被废黜，献王司马郁又过早去世。此后，司马昱的众姬妾将近十年没有身孕，致使子嗣凋零。于是他命善于相面的人给宫中的妃嫔看相，但无人被相中，只得又把全部婢妾召集起来。当时的李陵容是在纺织作坊中劳作的宫女，李陵容身材高挑、脸色黝黑，被其他宫女称为“昆仑”。相面人见到李陵容后，吃惊地说：“就是此人。”司马昱为子嗣大计，只得召她侍奉。尔后，李陵容几次梦见两条龙枕在膝上，日月落入怀中，后来她生下了司马曜和司马道子。

太元八年（383年）九月，朝廷趁谢安与谢氏子弟正在应对渡过淮水的前秦军之际，任命司马道子与谢安共录尚书六条[六条：汉代设刺史，以六条问事，考察官吏]事。这一任命，极大地提高了司马道子的政治地位，皇室为制衡谢氏家族权柄的暗战悄悄开始了。

皇室与谢氏家族之间的矛盾在淝水之战后被公开化了，因为此时掩盖朝廷内部矛盾的南北矛盾已经通过战争的方式获得解决。淝水之战取得大捷，谢安握权主政于内，谢玄领兵据藩于外，谢氏已有盘根之势。面对谢氏权力的膨胀，王敦和桓温的所作所为在司马曜的脑海中一遍又一遍被重演。

十月，淝水之战取得大捷，十一月，朝廷诏令谢安到金城慰劳凯旋的将士。将士们见到谢安自是欣喜若狂，都等待着回朝之后的加官晋爵，但令欢呼雀跃的将士们怎么也没有想到的是，他们用血汗捍卫了东晋的半壁江山，面对这样辉煌的战绩，朝廷对封赏之事却绝口不提。直到淝水之战后的第二个月，朝廷才象征性地任命中军将军谢石为尚书令，三个月后，谢安因统率指挥之功晋封为太保。此外，再无其他音讯。而对谢氏家族以及淝水之战有功之臣的大事封赏，却已经是谢安去世之后的事情了。

淝水之战的胜利，谢氏家族子弟无疑是最高的功臣，子弟中征讨都督谢石、冠军将军谢玄、辅国将军谢琰都是陷阵的大将，指挥作战的谢安更是劳苦功高。朝廷的态度，谢安自是心知肚明，他清楚前有王敦之变，后有桓温篡权，日盛的谢氏家族一定会被司马皇室所忌惮。

面对朝廷的猜忌与狐疑，谢安并不会像王敦那样起兵谋乱，也不会如桓温通过废立皇帝来立威，谢安遵循了老子的“功成、名遂、身退，天之道”的教诲，为了保全名节和谢氏子弟的安全，他的选择是——退避。

太元九年（384年）二月，镇守荆州和江州的桓冲去世，荆、江二州刺史的职位空闲出来。当时朝野都认为谢玄有功勋、有名望，能够担当此任，但是谢安一方面为了避免朝廷猜忌的加深，另一方面也为了安抚桓氏家族，便让桓豁之子桓石民担任荆州刺史，让原本任豫州刺史的桓伊到江州，而任桓石民之弟桓石虔为豫州刺史。这种安排既可以防止桓氏二兄弟一同把持江、豫两个重要军事重镇，又可以排解朝廷的疑虑。

谢安的种种作为，依旧没能使他免于被猜忌，因为除了日盛的威望和兵权，更有奸佞之徒从中挑拨离间、搬弄是非，更加剧了谢安和司马曜之间关系的恶化。谢安的女婿王国宝是王坦之的儿子，由于品行不端、专谋私利而被谢安所厌弃，不愿让他担任朝中要职。后来王国宝得到尚书郎一职，但一心想做吏部郎的王国宝自恃出身望族，不甘心屈就尚书郎，所以不肯就任，于是对屡加贬抑他的谢安心生怨怼。因王国宝的堂妹是司马道子的王妃，所以他开始攀附于司马道子。司马道子得权后，开始亲近奸佞小人，面对朝野推服的谢安，他也同样嫉恨，于是，引王国宝为知己，二人便一起在晋孝武帝面前出恶语中伤谢安，更加离间了原本就有裂痕的主臣关系。

被疑忌的谢安忧愤难当，但是他无法像王导一样跟主上剖白自己，更不可能做出冒天下之大不韪的忤逆之事。晚年的谢安进退维谷间，愁肠百结。幸而，与人为善的谢安在此刻得到了回报，与谢玄并肩在淝水之战中立下战功的桓伊，借机为谢安仗义执言。

音乐家桓伊

桓伊，字叔夏，小字子野。桓伊精通音律，尤擅吹笛，一支蔡邕[蔡邕：东汉文学家、书法家，是才女蔡文姬之父。蔡邕尤擅音律，制作了两件传世的乐器，一是焦尾琴，一是柯亭笛]的柯亭笛[柯亭笛：相传，当时蔡邕遍寻竹林想寻找制作笛子的上好竹子，却没有找到，路过柯亭时，见到亭子上第十六根竹子便大为赞叹，于是让人拆了柯亭，制成了传世名笛。这支柯亭笛后来传至桓伊手中]在手，时常自己吹奏，笛艺被誉为“江左第一”。著名的琴曲《梅花三弄》，便是根据他的笛谱改编而来。

一次，王徽之[王徽之：王羲之的第五个儿子]应诏去往京都。他乘舟而行，半路上将船停泊在清溪的湖畔休息，桓伊乘车从岸上经过，彼时，王徽之还不认识他。船上的人指着桓伊对王徽之说："这个人就是桓野王啊。"早已听闻桓伊笛声盛名的王徽之便命人对桓伊说："听闻您擅长吹笛，不知可否为王徽之吹奏一曲？"桓伊了解王徽之的性情，认为他是能欣赏曲调之人，可引为知音。桓伊便从车上下来，打开胡床，坐定之后为王徽之接连吹奏了三支曲子。吹奏结束之后，登车离去。其间，二人未有过一句交谈，对于惺惺相惜之人来说，怕是一切都尽在不言中了吧。

当时，晋孝武帝在宫中设宴，款待群臣，桓伊与谢安同侍御宴。宴中，孝武帝兴起，便命桓伊吹笛助兴。桓伊神色自若，随即演奏一曲，笛声清耳悦心、余音缭绕，有如天籁，在座诸人都听得如痴如醉。一曲毕，意犹未尽的晋孝武帝想让桓伊再演奏一曲，桓伊将手中的笛子轻轻放在案几之上，拱手对晋孝武帝说："臣自知弹筝的水平不如吹笛，但也能做到韵合歌管。恳请陛下允准我演奏筝曲一支，再请一人为臣吹笛伴奏。"晋孝武帝便命宫中乐伎为桓伊奏笛，但桓伊说："御府乐人恐怕与臣配合不好，臣有一家奴，善于与臣配合演奏，还是让他与臣合奏吧。"孝武帝欣赏桓伊的率直，点头允准。桓伊命奴仆吹奏长笛，他自己抚琴而歌，但曲调一改刚才"声节慷慨，俯仰可观"的悠扬欢快，只听笛声鳌愤龙愁，筝调如泣如诉。正在群臣满是诧异之时，只听桓伊唱起歌词来，细听，唱的正是曹植的《怨歌行》。

怨歌行

为君既不易，为臣良独难。忠信事不显，乃有见疑患。

周公佐成王，金滕功不刊。推心辅王室，二叔反流言。

待罪居东国，泣涕常流连。皇灵大动变，震雷风且寒。
拔树偃秋稼，天威不可干。素服开金縢，感悟求其端。
公旦事既显，成王乃哀叹。吾欲竟此曲，此曲悲且长。
今日乐相乐，别后莫相忘。

歌中描写的是周公辅佐周成王，却被朝臣离间的典故。周武王病重时欲传位周公，周公辞让不受，并祈求上苍，愿意代武王而死，史官将此事记录下来置于金縢之中。后来武王册立姬诵为太子，即后来的周成王，并命周公辅政。周公为了周朝的发展殚精竭虑、宵衣旰食，不料却被当时的朝臣恶语中伤，于是，被流放楚地，流亡楚地的周公仍心系朝廷。后来天现异象，雷电交加，庄稼倒伏，惊恐万分的周成王看到金縢之中周公为武王祷告的记载，才幡然醒悟，遂请回周公。

写这首诗的曹植，也因自己受胞兄魏文帝曹丕的猜忌而备受折磨，他有感于成王和周公之事，写下令人涕泪俱下的哀怨之歌。诗中慨叹做皇帝难，做臣子更难，皇帝无视臣子的忠心，反而要加以猜忌。这与此刻被皇帝猜疑和忌惮的谢安是多么像啊!

桓伊正是看到谢安被晋孝武帝猜忌而有苦难言，所以他以乐曲之声，勇敢地向晋孝武帝谏言。谢安听了桓伊的演奏，那个高卧东山娓娓而谈的麈尾名士，那个淝水战争百万大军压境却谈笑自若的将军，此时不禁浊泪纵横、泪湿衣袖，他快步来到桓伊的面前，似有万语千言，但最后只轻轻说了一句：“您的琴艺真是了得。”

虽然晋孝武帝听了《怨歌行》后羞愤难当，但桓伊的冒死进谏也只是被传为千古美谈，他和曹植作《怨歌行》一样仍旧没能阻止皇帝的疑忌。

朝野谗言诽声迭起，三人成虎，谢安百口莫辩。更令谢氏雪上加霜的是，太元九年（384年）六月，褚太后去世，谢安失去了在皇室中最重要的依仗。无法安于朝堂之上的谢安，无奈之下，只好上疏请求北伐，离开京师。

八月，谢安上奏朝廷说，苻坚新败，应乘有利时机，继续北征，朝廷允准。谢安命谢玄为前锋都督，带领东晋将士向北用兵，屡战屡胜，兖州、青州、司州、豫州均已收归东晋。面对谢安取得的赫赫战功，朝廷只得加任谢安都督扬州、江州、荆州、司州、豫州、徐州、兖州、青州、冀州、幽州、并州、宁州、益州、雍州、梁州十五州诸军事，并设立从事中郎二人。谢安又上疏朝廷请辞自己的太保职位和爵位，也许是顾及谢安的功绩，司马曜没有允准。但这时，朝廷又担心谢氏权柄太重，难以节制，以朝臣议论“征战既久，军队应当置戍南归，转攻为守，以休兵养息”为借口，召谢玄回镇淮阴，阻止了谢安继续北伐的脚步。

次年四月，无法继续北征但又不愿回到朝堂的谢安只好出镇广陵[广陵：今江苏扬州一带]，在步丘修筑了一座新城以避灾祸。此举正中皇帝下怀，晋孝武帝到西池为谢安饯行，敬酒赋诗，君臣一片和乐，只是在这貌似祥和的氛围之下，无论是皇帝还是谢安，都有着太多不能为对方所言说的尴尬。

“雅志困轩冕”“零落归山丘”

太元十年（385年），自谢安东山再起，已经过去二十五个春秋了，为东晋呕心沥血的谢安到了晚年不禁心生悲凉，所以他时常怀恋那些在东山隐逸的日子。到新城时，他开始修造浮海的装备，准备全家走江路回到东山，当一切都快要准备好的时候，谢安却突然病倒了。于是，他上疏请求迁职回京师，同时又让他的儿子谢琰解甲休兵。这位为东晋呕心沥血二十余年的老人，在百口莫辩之时，在风烛残年之际，仍不忘忧心朝中之事。他在病中又对前线之事作了一番部署，先命龙骧将军朱序进据洛阳，又命谢玄在彭、沛两地驻守，等到来年河水上涨之际，东、西两路大军并举，直攻胡国兵贼，此时他甚至还不忘请朝廷派侍中前去抚慰兵卒。

部署好一切之后，他从新城出发回到建康。路上，听说车将驶入西州门，这二十多年的风雨路历历涌上心头，功成名就也只不过是名缰利锁，他顿感怅然若失，不禁对身边的人长叹道："从前桓温在世的时候，我时常害怕命不久矣，有时还会做起那样的梦来，梦中我乘坐桓温的车走了十六里路，看到一只白鸡就停了下来。乘桓温的车大概是说我要代替他的位置，十六里呢，从桓温离世到现在已整十六年了。鸡是酉年，今年的太岁星恰恰在酉，我的病，怕是好不了了。"身边的人无不悲恸落泪。病中的谢安给朝廷上疏，要求退位。

八月，谢安去世，时年六十六岁。

一时间，朝野哗然，罢市巷哭，震岳摇山。

朝廷赐谢安棺椁、朝服、衣物，追赠太傅，赐谥号"文靖"，并按照桓温的旧例，为谢安举办丧礼，赐九旒鸾辂，黄屋左纛，辒辌车，挽歌二部，羽葆鼓吹，武贲班剑卫士百人。

此时，司马皇室以及与谢氏有矛盾的士族终于可以暗暗松下一口气。司马曜也愈加加快了夺取谢家权力的脚步，谢安刚刚离世，朝廷便让司马道子以扬州刺史、录尚书事的身份都督内外诸军事，将谢安在朝中的权柄如数剥夺。

但是，面对谢安的离世，更多的人还是感到惋惜和悲恸，曾与谢安交恶的王珣[王珣娶谢万女，王珣的弟弟王珉娶谢安女，因猜忌而生嫌隙，后谢安让他们分开，于是王珣与谢氏关系不睦]放下前嫌前去哭拜。他的外甥羊昙极受谢安的喜爱和器重，谢安离世后，羊昙终年不听音乐。因为谢安当年困顿西州门，所以羊昙害怕触景生情，时常绕西州路而行。有一次他在石头城喝醉了，不知不觉来到州门之下，仆人提醒他，这里就是西州门。听罢，他大声恸哭，用马鞭击打门扇，口中吟诵着曹植《箜篌引》的诗篇："生存华屋处，零落归山丘。"

其生也荣，其死也哀。然而，最终也不过一抔黄土。只是，完成了自己完满一生的谢安，却因为离世前的备受猜忌，让其人生总有一抹化不开的惨淡愁云。

谢安逝世两个月后，朝廷才论淝水之战的功绩，追封其为庐陵郡公。自此，谢安"谈笑山水间，建功魏阙上"的华丽而又些许令人唏嘘的一生结束了。

壮志未酬的谢玄

（一）淝水战后，再立奇功

太元九年（384年）九月，请命北征的谢安任谢玄为前锋都督，率领冠军将军桓石虔向北用兵。谢玄率军驻扎在彭城后，遣参军刘袭攻打前秦的鄄城[鄄城：东晋时期兖州的治所（今山东鄄城北旧城）]，赶走了鄄城太守张崇，令龙骧将军刘牢之进驻鄄城镇守。而后，刘牢之又进军攻占了谯郡[谯郡：今安徽亳州]，谢玄派安丰太守戴宝率兵镇守，兖州被平定。

谢玄像

平定兖州后，谢玄又向青州进发。当时由于水道险阻难行，不方便粮运，谢玄采纳了督护闻人奭的计策，筑土坝拦截吕梁的水流，竖起栅栏，建立七道堤岸来承接两岸的流水，以利于漕运，这样无论是对百姓还是朝廷的水上运输，都极为便利。修好后，谢玄派遣淮陵太守高素率三千人马出击广固[广固：今山东益都（青州市）西北]，迫使青州刺史苻朗投降归顺，青州亦被收复。

连下两城后，谢玄又领军讨伐冀州，遣刘牢之和济北太守丁匡据守碻磝[碻磝：今山东茌平西南，是东晋南北朝时期的军事要地]、济阳太守郭满据守滑台[滑台：今河南滑县东]，又命奋武将军颜雄渡黄河建造营寨。当时，苻丕遣部将桑据进驻黎阳[黎阳：今河南浚县东]抵抗东晋军，于是谢玄命刘袭夜袭桑据，桑据逃走。惶恐不安的苻丕请求归降东晋，谢玄答应请求，还送给告饥的苻丕二千斛军粮，之后遣晋陵太守滕恬之渡过黄河据守黎阳。此时，三魏之地都已归降东晋。因收复失地有功，朝廷任命谢玄都督徐、兖、青、司、冀、幽、并七州军事。谢玄又上疏朝廷，认为河北之地初定，幽州、冀州必须专门命人总督，司州遥远，应归豫州统管。

太元十年（385年），谢安病危，病中的谢安让谢玄驻守彭、沛两地，等到第二年春天，可与驻守洛阳的朱序一同继续进兵。八月，对自己视如己出的叔父谢安离世，谢玄忍住巨大的哀痛完成叔父的遗命，继续征战沙场。

十月，朝堂突然传来消息，评定淝水的功勋，追封谢安为庐陵郡公，谢石被封南康公，谢琰被封望蔡公，谢玄被封康乐公。一门四公，当世再无士族可与之比肩，在外看来，风光无限，只是，此时的封赏与封号，对谢氏家族来说，却是五味杂陈。谢玄请求把他先前所封东兴侯的爵位赐予侄儿谢玩，朝廷许可，但是却降了一级，封谢玩为豫宁伯。

此后，谢玄又遣宁远将军旮演讨伐占据魏郡[魏郡：治邺县（今河北临漳西南）]的申凯，击败申凯后，夺取魏郡。这时，谢玄原打算让豫州刺史朱序镇守梁国[梁国：今陕西韩城南]，自已坐镇彭城，在外北边可以巩固黄河上游之地，西面可以援救洛阳，对内又可以捍卫朝廷，只是这一举三得的想法，在司马皇室听来，并不顺耳。

（二）报国无门，壮志未酬

虽然已经剥夺了谢安的朝权，但是手握重兵的谢玄依旧是司马皇室的心腹大患。面对节节胜利的谢玄，太元十一年（386年），司马曜召谢玄回镇淮阴，朱序镇守寿阳。初闻此讯，谢玄心灰意冷，适逢当时翟辽据黎阳叛乱，抓了镇守的滕恬之，又加上泰山太守张愿率全郡反叛，河北之地也骚动不安，谢玄认为自己处置不当，便以此为由上疏朝廷，奉还符节[符节：古代门关出入所持的凭证，为节的一种，用竹或木制成]，请求解除全部职务。朝廷下诏慰劳谢玄，仍旧命他暂且回镇淮阴，让朱序代其镇守彭城。

到达淮阴后，谢玄便病了，于是他再次上疏请求解职，诏令不许。谢玄又自陈说已经不能履行职责，唯恐荒废职事。朝廷下诏让他移镇东阳城

[东阳城：古代各朝治所不一，东晋时期在今山东青州市]，**谢玄只得奉命上路，途中病情加重，万念俱灰的谢玄以病重为由再次上疏恳求解职。**

谢玄的疏文

臣本是平常之人，才能并不足以辅佐君上，只是偶蒙恩遇，于是不自量地活跃于军政之上。驱驰十载，不畏刀剑之险，每有征战之事，总是请求担任先锋，这是因为感念皇上恩德深厚，而忘却了自己，甘愿死于战场就如同活着一样，希望能建立寸功，以报主上的荣宠。天佑大晋，君威得震，实在是由于陛下的神武英断，天下之人莫不顺服。臣的亡叔谢安辅佐君上期间，欲使天下和乐升平，以完成君王的心愿。然而，天下仍有阴雾遮蔽，还不完全清朗，生灵涂炭，贼寇未平，所以又命臣持戈上阵，督管军事。希望可以仰仗皇威，去统一天下，陛下教化天下，庸臣以草芥尘露之功报答您的恩情，而后跟从臣的亡叔谢安隐退东山之上，以老庄之“道”来颐养寿命，这些都是臣的肺腑之言，都呈递给圣上了。臣为家国天下行走奔劳，也是为了这个。没想到，臣身罪失太多，天不见怜，在我中年的时候受到了惩罚，上至臣的亡叔谢安、亡兄谢靖，下至幼子，数月之间都相继离世和夭折。臣哀痛悲戚交加，感百痛之情。臣不能承受这些突然降临的灾祸，每次都悲恸难忍。之所以含哀忍悲，苟活下来，是因为贤明的能臣虽然离开了，但是陛下的圣明还在，还会有伊尹、周公这样的贤臣继续辅佐，就此勉励自己，隆国保家，所以可以忍住哀伤，就像什么都没有发生那样。

去年冬天，司徒司马道子制定囊括天下的鸿业远图，并向臣征询进退的策略。臣仕进不得要领，以窘境为耻，退身又没有自量，所以想要顺遂自己的心愿。哪知处置不当，自己招致了罪祸，因此奉还印章符节，准备接受惩处，心中备感惭愧。然而，陛下赦免臣的罪过，使得有罪之臣在朝堂之上重显名号，受此殊遇，木石也会感激涕零，何况是微臣呢？只是臣不善于处世立身，没有谦让之德，深受自满之害，旧病又复萌发。陛下体谅臣病重，让臣回淮畔驻守，本想休兵养身，希望疾病好转之后，能够治甲休兵，等待机会重新为主上效劳。然而，所患之病为沉疴旧症，病势有增无减，朝夕之间，只为保命奔忙。平日里，臣循常规，勤勉于事，尚不能使政理弘宣，何况现在山高路远，又时常不接触政务，怎能卧病担此重任，而招致祸患呢？

追想从前，常觉寒心。臣微贱之身，死不足惜，执守赤诚，为国忧虑。谨派兼长史刘济再次奉送节盖章传，希望陛下垂天地之仁，救臣于将要断绝的气息之中，按时派遣军司安抚慰劳将士，请同意臣的乞请，让臣专心疗养，皈依道门，得神灵庇佑，如果病仍不好转，定是寿数如此。那么，让臣在有生之年，去看看墓地的松柏，如此，此生也就无憾了。伏枕悲慨，不觉涕泪横流。

朝廷在收到谢玄字字泣血的上疏之后，却还是没有答应他的请求，只是派了一位医术高明的医士给谢玄诊治，让他好好调养休息，并让他回京口治病。谢玄奉诏回京口，病情却依旧不见好转，于是又上疏言情，但所上奏的奏疏均被扣住不予答复。谢玄又先后上了十余道奏疏，很久之后，朝廷才改任谢玄为散骑常侍、左将军、会稽内史。

太元十二年（387年），谢玄抱病登车回到会稽郡任职，回到了当年叔父谢安隐居的“故土”，谢玄百感交集。当年，与兄弟姐妹一起同歌同饮，与叔父一起畅游东山，自己倚窗苦读，一切还都恍如昨日，而今，身前身后，却早已面目全非了。

放下戎马倥偬的生活，褪去满是征尘的战袍，谢玄在始宁县建造了一幢别墅，虽然山水不改，景色如旧，只是谢氏子弟中，争荣竞秀、有才德的四兄弟封、胡、羯、末，除了自己，其他人都已不存于世了，今时今日的谢玄再见到此情此景，也怕只有“万里悲秋常作客，百年多病独登台”的悲凉之感了吧。

太元十三年（388年），壮志未酬的谢玄在会稽任上去世，时年四十六岁。朝廷追赠其为车骑将军、开府仪同三司，赐谥号“献武”。

挽歌唱响，悲歌嘹亮。风雨同祭。

淝水大捷之后的第三年，谢氏家族的中枢相权以及北府兵权被悉数剥夺，为晋室披肝沥胆、舍生忘死的谢安、谢玄叔侄皆见疑于朝廷，为避灾祸，二人依从老子“功成、名遂、身退，天之道”的教诲，为了家族安危，纷纷解职告归，形成了“素退为业、处贵遗权”的内守家风。只是所有人仍不免为叔侄二人不能得遇明君圣主发一声长叹。历史书可以越写越厚，但是人性史，却只有那么几页，千百年来，再无新意。

第二节　祸不单行

生于乱世，马革裹尸，朝政更迭变幻莫测，家国天下难安，一门荣宠早已变得不再可靠。在谢氏家族鼎盛时，却暗露衰微之势，腐化奢靡、骄傲自大的哀音已经唱响。而继谢安叔侄被晋孝武帝夺权之后，又有腥风血雨的叛乱与党争将谢氏家族子弟裹挟其中，先是谢安之子谢琰死于孙恩之乱，谢琰之子谢混也因与刘毅结党被诛，祸不单行的谢氏子弟在风雨飘摇的东晋末年迎来了家族的寒冬。

皇权重振，祸起萧墙

（一）皇权重振，司马夺权

永嘉元年（307年），司马睿偕同王导渡江，晋朝的政治中心偏移至建康，“王与马”开启了皇族与士族共治天下的政局。继琅邪王氏，又有颍川庾氏、谯郡桓氏和陈郡谢氏一直维持着“庾与马”“桓与马”“谢与马”的共治格局。士权、皇权一直处于一种相对平衡的状态，甚至士权凌驾于皇权、士权操控皇权之事也时有发生。共掌朝政权柄的士族门户多变，而司马皇室垂衣拱手、主弱臣强的局面不变，持续了上百年之久。皇帝不能轻易废黜士族，而士族权柄却大到可以凭一己私欲擅自废立皇帝，司马皇族只有招架之功，却无还手之力，这从王敦起兵清君侧而后兵变，以及桓温废黜晋废帝拥立简文帝就可窥见端倪。

然而，“普天之下，莫非王土；率土之滨，莫非王臣”才是皇权的应有之态，所以，自东晋之初，历任皇帝一直都在试图打破这种皇权与士权的平衡，但收效甚微，皆以皇权伸张失败、妥协而告终。这是因为面对北方胡族的侵扰，司马皇室不得不依附庞大的士族阶层来求得片刻安宁，与此同时，士族手中一直握有重兵，所以想打破这种平衡并不容易。

直到谢安辅政初期，皇族与士族共治的天平才出现了倾斜，这是因为刚刚辅政的谢安在朝中的根基还不稳固，一方面谢万北伐失利让谢氏家族失去依仗，外无方镇可依；另一方面虽然谢安名气甚高，但是他出仕较晚，既无文治又无战功，所以后来在剪除以桓冲为代表的桓氏家族的势力时，不得不依赖皇室的力量，求助于褚太后辅政来制衡桓冲。此外，谢安本人个性谦和仁厚，受儒玄家风濡染的他忠君奉主、属意江湖，并无图谋皇位之心。而这种共治的平衡一旦被打破，皇权的伸张便被皇帝和非士族之外的权臣提请出来。所以，还在谢安任宰辅初期，朝中便有人奏称“道子亲贤莫二，宜正位司徒”，虽然没有任命司马道子司徒之职，但是皇权重振之势已露端倪。

随着淝水之战的胜利，北方既定，胡族内部自顾不暇，偏安江左的东晋得以获得暂时的安宁，此时的司马家族已不需要再委曲求全而协力共同抵御恶劣的外部形势了。这时，皇族与士族共治的天平就更加偏向于皇权了。更为关键的是，各大门阀中当轴人物王导、王敦、庾亮、庾冰、桓温、桓冲等人相继而死，各个家族的族中子弟也呈现出衰微之态，再不现当年人才相衔而出的繁盛之势了，这也为皇权重振提供了更多可能。

太元十年（385年）八月，谢安去世后，军政大权悉归司马道子。皇帝下诏称："我朝明哲辅臣去世，而华夏尚未统一，朕非贤明盛德之人，不能安抚朝廷内外。幸有琅邪王司马道子体道自然，见识高远，可以履周公和召公之责，领二公之任，可领扬州刺史、录尚书、假节[假节：假以符节，古代大臣临时持节出巡]、都督中外诸军事。卫府的文武官员，一律配骠骑将军府。"这样，之前谢安统领的卫将军府中的文武部属都被拨入了骠骑将军府。也就是说，除了官阶和职位的转移，司马皇室还对谢氏家族的兵权进行了分解，虽然谢安去世后，仍由谢家子弟谢石担任卫将军，但是卫将军府的文武部属已经尽入司马道子彀中。

太元十一年（386年），朝廷又以"征战既久，军队应当置戍南归，转攻为守，以休兵养息"为由，命谢玄回镇淮阴。此时由于谢安离开朝廷中枢，不能自安于北府兵权的谢玄只得屡次上表要求解职。太元十二年（387年），司马道子再领徐州刺史、太子太傅。谢氏家族苦心经营的兵权也被革除了。淝水之战两年刚过，朝廷便解了谢氏中枢相权，不到三年，谢氏军权也悉数交回。自此，谢氏家族开始步入衰微。

在已经成熟的重振皇权的条件下，司马皇室要起用自己可控之人的愿望就愈加迫切了，士族中门第较低的寒士如刘裕、刘毅等人开始进入了晋孝武帝的视线。这些势力一方面对皇权有依附，另一方面对原有的门阀士族也有情绪上的抵触，是制衡士族最好的势力之一。无论是谢氏家族，抑或其他士族，门阀的权力在晋孝武帝时期都不可逆转地走向了衰微。

（二）奢靡贪腐的家风之变体

外在的风云变幻固然是导致谢氏家族走向衰落的重要原因，但从谢氏家族内部来看，在繁盛之时的谢氏家族也出现了很多不和谐的音符：一掷千金的奢靡、骄傲自满的浮躁之气，如催化剂般加速着谢氏家族的衰微。

谢安登上三公宰辅之后，他的祖父母去世，谢安服丧时仍旧不废音乐，这一举动被当时的士大夫纷纷效仿，一时成俗。然而，江山已改，时势已变，此时早就不是父辈时期那个以放达任诞为优的时代了，忘情废礼已经不能见容于此时此日了，所以，谢安的这一行为也被当时很多人诟病，王坦之就曾写信对其进行劝阻。

谢安给王坦之回信说：“我所追求的只是音乐，如果能与情意相称，没有什么是不可以做的，只是用来自娱罢了。至于使行为高洁，成为世俗的典范，那并不是我想要的，也是我所不屑的。我常说你能懂得质朴之趣，但终究还是不能领悟庄子濠上论鱼的意旨啊！［此处可参阅《庄子·外篇·秋水》］所以说，莫逆之交是不容易做到的啊。”

王坦之仍旧回信劝谏说：“来信悉知你的雅意，这是你诚心去做之事，虽有独行己志之美，却不合大雅的中庸之意。有人说，人之体韵犹如器物的方圆，方圆尚不可错用，人的体韵又怎么能够分开呢。顺应礼仪，弘大功业，才能有所成就。你自幼有德行，言行皆雅正允当，加之有好的处境，能够悠闲自得，众人都以清远来称许你。只是这件事，确实有失。于公于私，都是不对的。以此来比庄子濠上论鱼，能领悟的人哪有那么多呢！再说，可以珍惜天下人都爱惜的珍宝，可天下人所反对之事，为什么又不把天下人的意见放在心上呢？还是请你三思。”

但王坦之的苦苦劝阻还是没能改变谢安的心意。后来，谢安又在京城之外修起了宅院，建了一座假山别墅，院中亭台楼阁，遍植嘉木，他时常携子侄们游赏玩乐，遍食美味佳肴，有时耗费百金只为谋求一宴之欢，当时也有人对此讥讽批评，但是谢安全然不放在心上。

当时的名士韩伯，拄着拐杖在屋前散步，看到谢家的人都位高权重，煊赫一时，乘车时招摇过市，车声隆隆，喟然长叹道：“这和王莽那时有何不同啊！”虽然韩伯与谢家不睦，以王莽比附不免有谗谤、泄愤之嫌，然而众口铄金，积毁销骨，谢氏家族屡遭小人谗言，这些事也必然会被夸大，更何况这也确是他们攻击谢氏子弟凿凿的把柄之一。

后世批评谢安说：“世风不醇厚时废弃礼仪，在耕战繁剧的时代过于奢侈，虽然想混同哀伤和欢乐，等同奢侈和节俭，却不知颓废的风气已经炽煽，雅正的道义日益衰微。一国之楷模怎么会是这样呢？”可见人心向背。即便是相对公允的批评和善意的劝谏，当时的谢安都不以为意，这也成为家族腐化奢靡风气的祸根。

当时，又有谢石因为贪婪而遭人讥讽。世人多认为他才干不足，只因身为谢安之胞弟，又在淝水之战中立功，所以才能一直居清显之位。谢石为人贪婪，巧取豪夺，搜刮百姓，为时人所不齿，以至于在他死后，朝廷礼官在奏议谢石的谥号时，欲谥为“襄墨公”［古代在人死后会按其生前的事迹评定褒贬，并给予一个封号。“襄”有辅佐完成之意，表彰其功；“墨”则喻示谢石贪以败官]。但是朝廷感念谢石的功勋，略去了表他人生污点的“墨”字，仅以“襄”为其谥号，谥为“襄公”。

作为谢氏家族精神领袖的谢安，建立了卓著的功勋，只是他没有想到自己这种浮华奢靡、有些刚愎的作风，给整个家族都预埋了一粒不安的种子。这粒种子在适时的条件下一旦生根发芽，对整个家族都会产生极大的破坏力，比如由刚愎而来的自大。谢安之子谢琰就吃到了自以为是的苦头，并付出了丢掉性命的沉重代价。

孙恩作乱，谢琰之死

（一）五斗米道与孙恩

朝权尽归司马道子后，晋孝武帝司马曜开始沉溺于酒色，彻夜宴饮，不理朝政。司马道子崇信佛教，用度奢侈。执政后，他一味与和尚、尼姑亲近，这些人竞相引荐自己的党羽在朝中供职，各地郡守官吏也多是因贿赂司马道子而被安排上任，这些奸佞小人暗中操纵权力，政令刑法不畅，百姓苦不堪言，怨声载道，异端邪说、秘术巫蛊大行其道。

异端邪说中以“五斗米道”之信众为多。当时，五斗米道的教主是琅邪人孙泰，他利用秘术诳诱百姓，当时的百姓倾尽家财，甚至进献自己的子女来祈求福寿。孙泰还曾得到司马道子的青睐，被任命为徐州的主簿。

五斗米道

“五斗米道”又称“天师道”，是道教的一个派别。据《后汉书·刘焉传》记载，东汉顺帝时（126—144年），张陵“造作符书，以惑百姓。受其道者，辄出米五斗”，故有“五斗米道”之称。然而一旦入教，所交之物远非五斗米之数，要想“消灾灭祸”或者达到五斗米道的最高境界——“羽化飞天”，就必须服食丹药，这为“五斗米道”的教主提供了一个大肆敛财的途径。但在乱世之中，百姓祈求福寿之心日盛，更有大批士族子弟也成为其信徒。“五斗米道”已成为人们的一剂精神鸦片。

隆安二年（398年），朝廷爆发王恭之乱。孙泰见天下兵起，以为晋祚将终，于是煽动百姓，又以讨伐王恭为名，私集信众数千人，准备起事。事情败露后，孙泰及其六子遭到了司马道子的诛杀。

孙泰的侄子孙恩逃到海上，继续聚合亡命之徒数百人，以图为孙泰复仇。当时，司马道子之子司马元显祸乱朝政，致使形势混乱，百姓不安，孙恩便伺机从海上进攻上虞[上虞：今浙江绍兴市东]，杀死县令，并顺势攻击会稽。当时会稽郡的内史王凝之也是虔诚的五斗米道信徒，孙恩进攻会稽时，府中的幕僚请求王凝之进行作战准备，王凝之没有听从，却进入室内祷告，而后告诉众将士说：“我已经请了大道，天师答应派鬼兵相助，贼兵必定大败。”于是，不设任何防备。最终，王凝之和他的四个儿子全部被孙恩杀害。

听闻丈夫和儿子们被反贼杀害，王凝之的妻子谢道韫命令婢女用肩舆抬着她，抽出刀，准备迎敌。乱兵来了之后，谢道韫带着家中女眷和家丁奋力抵抗，并手刃贼兵数人，但终因寡不敌众而被俘获。当时，谢道韫年幼的外孙刘涛也在王府之中，贼兵此时又想杀害刘涛，谢道韫喝道：“你们要找的是王家，和其他族人有何相干！如果你们一定要杀，就先杀我吧。”孙恩听罢，为之动容，只得停手，放了刘涛和谢道韫。

占领会稽之后，孙恩的信众一时增至数万人，当时又有会稽、吴郡、吴兴、义兴、临海、永嘉、东阳、新安等八郡之人一起起事，他们杀长史以响应孙恩，十天之内，信众增至十万。占领会稽之后，孙恩自封为征东将军，将自己的信徒称为“长生人”，开始大肆诛杀异己，甚至连婴孩都不放过，民众十之七八也都惨死在他的利刃之下。于是，会稽郡诸县纷纷起事，朝廷恐慌，便加紧戒严，又派卫将军谢琰前去征讨。

（二）自大将军——谢琰

谢琰，字瑗度，谢安之子。谢琰英俊潇洒，以坚贞和才干著称于世。淝水之战时，因有军国才用，被任命为辅国将军，率精兵八千与谢玄一起冲锋陷阵，击退苻坚军。太元十年（385年）八月，谢安去世，谢琰丁忧[古代官员在父母去世后都要去职丁忧，回家为父母守孝，丁忧期间不得行嫁娶之事，不食鱼肉，不饮酒玩乐]去职。当年十月，朝廷因淝水之功封谢琰为望蔡公。守丧结束之后，谢琰被封征虏将军、会稽内史，而后迁任尚书右仆射，领太子詹事[太子詹事：秦始置，掌太子宫中事务]，加散骑常侍。太元末年（396年），又任护军将军，加右将军，后被司马道子任为司马。隆安二年（398年），王恭联合殷仲堪、庾楷及桓玄等人起兵，朝廷命谢琰与王珣等将士一起领兵讨伐王恭，王恭被平定后，谢琰迁任卫将军、徐州刺史。

孙恩之乱起，朝廷命谢琰加督吴兴和义兴二郡的军事，挥军讨伐孙恩。谢琰先下义兴郡，斩杀了孙恩的部将许允之，迎义兴太守魏鄢回郡，而后又击败据守吴兴郡的丘尫。朝廷乘胜追击，又命辅国将军刘牢之辅助谢琰一同剿灭孙恩。谢、刘两军共进，很快就兵临长江。孙恩见势，只得逃回海上再图他计，因为害怕被妇女婴孩拖累，狠毒暴虐的孙恩命人把孩子装入布袋和竹篓扔到水中，并祷告说："祝贺你们先登仙界，我随后就来找你们。"

起兵之初，孙恩听说八郡的民众纷纷起事来响应他，不禁喜形于色，对属下说："天下没什么事了，我要与你们一起穿着朝服到建康去。"后来听说谢琰和刘牢之的大军兵临长江，他转而说："就算只割据浙江，总也能做个勾践。"听闻刘牢之领军渡江，他又说："就算逃走，也没什么丢人的！"于是抢掠男女二十余万人一起逃到海上，孙恩害怕辎重拖累其逃脱，便在路上丢弃了无数财物。当时江东富庶，所丢弃之物皆华丽贵重，东晋将士见此无不疯狂抢夺，孙恩得以借机逃脱。

朝廷害怕孙恩再次来袭，便命谢琰镇守会稽，督五郡军事，率领徐州的文武官员戍守海滨。当时大家都以为凭借谢琰的声望和战功，一定可以保得会稽一方平安。然而，到了任上，得意忘形的谢琰既不怀柔安抚士兵，也不加强防备。当时他的部下都劝谏说："孙恩等强贼在海上一直伺机进攻，不得不防。"谢琰不以为然地说："苻坚百万大军，到淮南尚且命丧黄泉，更何况孙恩已经奔逃到了海上，怎么还会回来呢！如果他再来，那正是天不养国贼，让他快点来送死罢了。"

不出谢琰部将所料，隆安四年（400年），孙恩又率部众进犯浃口[浃口：今浙江镇海东南甬江河口]，入余姚，破上虞，进军到邢浦，谢琰派遣参军刘宣之击退孙恩。几天之后，孙恩再攻邢浦，上党太守张虔硕战败，敌军迅速向会稽进发。当时人心惶恐，部将都认为应该严密防备，并在南湖布置水军列阵，设伏兵突袭前来的叛军，然而谢琰一概不听。

孙恩领兵来时，谢琰还没有吃饭，他倨傲地说：“先灭了贼兵流寇，回来再吃饭不迟。”于是，跨马而出。谢琰先遣广武将军桓宝为前锋，冲锋陷阵，杀死很多敌兵，但后来因河塘之间的堤路狭窄，谢琰的军队只能鱼贯向前。此时，孙恩的军队在船舰上从旁边射箭攻击，迫使谢琰军队前后断绝，在千秋亭战败。当时，谢琰帐下都督张猛见情势大变，于是反叛，从后面砍伤了谢琰的战马，谢琰摔倒在地后被杀害，他的两个儿子谢肇和谢峻亦同时遇害。

朝廷感念谢琰父子忠君、尽孝汇于一门，于是追赠谢琰为侍中、司空，谥号“忠肃”。

孙恩之乱中，谢氏子弟伤亡惨重，除了谢琰和他的两个儿子谢肇和谢峻，谢氏子弟中任吴兴太守的谢邈、黄门郎谢冲[谢邈、谢冲：二人皆谢铁之子，谢安之侄。谢冲，一作“谢翀”]和谢冲之子南康公谢明慧也死于此次叛乱。元兴元年（402年），孙恩进攻临海[临海：今浙江临海市东南]失败，投海自杀，孙恩之乱至此结束。只是，等待谢氏子弟的灾难，仍旧没有完结，谢琰的第三个儿子，也将大祸临头了。

祸起党争，谢混被诛

谢混，字叔源，小字益寿，是谢琰之子，谢安之孙。生于高门的谢混从小声誉就很高，以文章见长。他生得相貌堂堂，温文尔雅，有“江左第一美男子”之称。当时，晋孝武帝司马曜想为自己的女儿晋陵公主找一个才貌双全的夫君，便对王导之孙王珣说：“驸马要像刘真长[刘惔]、王子敬[王献之]就很满意了。如果像王处仲[王敦]、桓元子[桓温]也可以，但美中不足的是他们两个自家刚有一点儿小富贵，就干预起别家的事来[意指二人曾有谋逆之心、篡权之行]。”王珣想了想说：“谢混虽然不如真长，但比子敬是不差的。”孝武帝听后点头称许道：“如此，就满足了啊。”没过多久，晋孝武帝驾鹤西去，婚事只得就此搁置下来。当时，吴郡太守袁崧也想把自己的女儿嫁给玉树临风的谢混，王珣知道后，对袁崧说：“你可不要打禁脔的主意啊。”袁崧一听，只好作罢。三年之后，谢混迎娶已过守孝之期的晋陵公主为妻。

禁　脔

“禁脔”，是与晋元帝司马睿有关的一个典故。

东晋建立之初，百废待兴，弊车羸马，物质匮乏，达官显贵都很难吃到肉，猪肉更是被视为珍品。大臣们每每得到一头猪，便割下猪脖子上的一块肉，送给晋元帝。他们认为，猪脖子上的这块肉异常肥美，是珍馐美馔，群臣百官不敢私自享用，都纷纷进献给晋元帝，而这块珍贵的猪颈肉也被时人称为“禁脔”。

此后，“禁脔”便用来比喻某人专有，他人不得染指之物。

出身名门，倜傥风流，能诗善文，迎娶公主，命运似乎格外偏爱谢混。然而命运无常，世事难料，见证了淝水之战大捷、家族登临权力巅峰的谢混，又同时看到其祖父、堂叔被司马皇室夺权，相权、兵权尽失，继之而起的孙恩之乱，又令父兄惨死，家族子弟也都亡命四散，不禁唏嘘感叹。

当时，父亲谢琰帐下都督张猛叛变，将谢琰杀死。而后，张猛又屠杀了谢琰在会稽的眷属，不留一人。谢混知道后，悲痛欲绝，上书朝廷，请求前往会稽办理父兄丧事，同时希望可以领兵平叛孙恩祸乱，以求能够手刃张猛，报弑父杀兄之仇，但是没有得到朝廷的允准。直到晋安帝隆安五年（401年），刘裕领兵大败孙恩，生擒张猛，派人将其送给谢混，谢混见到仇人，“刳肝生食之”，才使血债得以偿还。

与谢琰等人一同葬身“孙恩之乱”的还有谢混的姑父王凝之，此时，谢氏家族中谢混父辈中人大多殒殁，只剩姑姑谢道韫寡居会稽。谢混上门拜访谢道韫，希望她能够一起回乌衣巷旧宅居住。然而，谢道韫坚持为夫守节，打算继续留在王府，所以婉言拒绝了谢混。于是，谢混到时任会稽郡太守的刘柳府中拜访，希望他能够对姑姑谢道韫多加照拂，后面也就有了刘柳前去王府与谢道韫交谈之事。

虽然此时朝廷让谢混承袭父亲爵位，又许以中书令职，但是司马道子、司马元显父子把持朝政，排除异己，对谢氏子弟更是防之又防，自然不容许谢混插手政事。既不能亲自为父兄复仇，在政事上又处处受牵制，此时的谢混进退维谷间，只能暗自叹息。谢混便在此期间仿照祖父谢安教导晚辈，他在建康乌衣巷的谢府旧居与子侄们一起以文义赏会、清谈玄理，把重振家族的希望放在他们身上。

元兴元年（402年），桓玄起兵，杀死司马道子父子，次年，自封楚王，加九锡，而后篡政。桓玄篡位后，想把谢安的宅邸充当军营，谢混怒斥道：“召伯以他的仁义，尚且能保住甘棠之树。难道以文靖[文靖：谢安的谥号]的功德，还保不住这五亩的宅地吗？”桓玄听后，只得作罢。

召伯·甘棠

召伯，即姬奭，是周文王姬昌之子，周武王姬发之弟，受封于召地[召地：今陕西岐山西南]，所以被称为“召伯”。周成王时，召公任太保，与周公姬旦分陕而治，“自陕以西，召公主之；自陕以东，周公主之”。在封地，召伯将政务治理得井井有条，上至侯伯，下至庶人都各得其所。召伯时常巡视乡邑，他曾在甘棠树下处理政事。召伯死后，百姓想念他的恩德，不忍心砍伐那棵甘棠树。

《诗经·国风·甘棠》一诗记载了这件事：

蔽芾甘棠，勿剪勿伐，召伯所茇。

蔽芾甘棠，勿剪勿败，召伯所憩。

蔽芾甘棠，勿剪勿拜，召伯所说。

桓玄篡位以后，大修宫殿，骄奢淫逸，昏庸无道。元兴三年（404年），朝廷任命北府旧将刘裕、刘毅等人举兵讨伐桓玄。刘裕领兵控制京口，镇守此地的桓修被杀；刘毅夺取广陵，诛杀桓弘。刘裕又率刘毅等将士继续攻打建康，追击桓玄。桓玄兵败后，携晋安帝司马德宗逃至江陵。刘裕等人乘胜追击，又消灭了桓振、桓谦等桓玄的余党，迎晋安帝复位。

因平叛和兴复晋室之功，刘裕被进为侍中、车骑将军、都督中外诸军事，封豫章郡公。刘毅因协助刘裕起兵，功勋卓著，被封抚军将军、南平郡开国公，有“次相”“亚相”之称。然而，刘毅对“次”和“亚”的称呼很是不满，他认为自己与刘裕协同完成光复大业，但却位居刘裕之后，便心生怨怼，时常居功自夸，对刘裕也并不推服。于是，二人之间产生嫌隙，围绕此二人展开了新一轮的结党之争。

对于门阀士族而言，士权与皇权共治的时代已经过去，面对寒门武将不断兴起的局面，他们只能选择与其气质、文化更为相近的势力来依附。刘裕出身寒微，又靠军功起家，他对士族倾心的文化如清谈、诗赋等毫不热衷，不仅排斥，甚至鄙薄。而刘毅以风流名士自居，他擅书法，好读史，更能作诗赋文，因此，刘毅获得了当时很多高门士族的拥戴，谢混便是其中之一。对于谢混而言，刘毅显然是更适合的投靠人选。不仅如此，谢混对不学无术的刘裕十分轻视，甚至在刘裕面前，还做出了轻慢的举止。

义熙六年（410年），刘裕官拜太尉，满朝文武都到刘府恭贺刘裕的晋升之喜，时任尚书左仆射的谢混不仅姗姗来迟，而且衣冠不整，神色傲慢。刘裕见状很是不满，对谢混说："谢仆射今天真可谓是旁若无人啊。"谢混回答说："明公自应像伊尹和周公那样，四海开襟，吸纳人才，我谢混是何许人，怎敢不同他们一样！"于是，索性用手中的笏板将衣襟和衣领敞开。刘裕听他说得头头是道，也拿他无法，只是此刻心中燃起的怒火是再难熄灭了。

当时，谢混的堂兄谢澹审时度势，认为刘毅并不是谢家应该结交和攀附的对象，他劝诫谢混不要同刘毅交往过密，但是谢混不以为意，仍旧对刘毅极为爱重。谢澹便不再多言，逐渐与谢混疏远，谢澹还时常对他的弟弟谢璞和侄子谢瞻说："益寿的个性，终会招致谢家的败落啊。"

果不其然，刘毅在与刘裕的较量中，屡次处于劣势。刘毅先是讨伐卢循兵败，而后被降为后将军。此时的刘裕却立下累累战功，先是灭掉西蜀，而后又平卢循。刘毅见状，只得上表朝廷，请求移镇豫章，到了豫章他拥兵自重，企图培植自己的势力，继续对抗刘裕，刘裕上书奏报朝廷请求平定刘毅。晋安帝自是以刘裕为重，于是颁下诏书，下令讨伐刘毅。因与刘毅结党，谢混也在被讨伐之列，诏书中称：“尚书左仆射谢混凭借世资，超蒙殊遇，而轻佻躁脱，职为乱阶，扇动内外，连谋万里，是而可忍，孰不可忍！”义熙八年（412年），谢混被捕入狱，刘裕赐谢混在狱中自尽。

元熙二年（420年），刘裕废掉东晋恭帝司马德文，自立为帝，国号“宋”，登上皇位时，谢混族中兄弟谢晦担任刘裕登基的警卫，他对刘裕说：“陛下应天时而受命，可惜登位之日不能让谢混替您进奉玺绂[玺绂：皇帝的印玺]啊。”刘裕叹息道：“唉，我也很遗憾，不能让后生一睹谢混的风采啊！”

介入此次刘裕与刘毅党争的谢氏子弟中，除了谢混，还有谢方明、谢纯和谢灵运，他们都先后追随刘毅，其中谢纯也死在刘裕讨伐刘毅的兵乱之中。

两次祸乱，谢氏一族子弟多达八人丧命，给整个谢氏家族带来了无比沉重的打击。面对将要倾塌的家族大厦，此后的谢氏子弟的心态发生了一次裂变，他们有的带着长辈的殷切希望，以重振家族为己任，继续力争上游；有的为保全门户，承袭了内守退避的门风。但相同的是，他们都带着一颗追忆之心，回想着家族曾经的璀璨与辉煌。

第五章 "亡"

《谢安弹琴像》　（清）任熊《於越先贤像传赞》

第一节　落日余晖

自谢安养望东山之时起，谢氏家族中便形成了长辈带领子侄讲论文义、兄弟间切磋砥砺的家庭集会模式，这种集会不仅成为家族教育子弟的传统，也是家族传承家风的重要形式。当年，谢安带领子侄娱情山水，赏艺论文，尽享宴酣之乐，是何等逍遥自在。谢安之后，又有谢混带领子侄吟诗著文。只是此时圣眷已衰，家门又逢剧变，往日的闲适早已不复存在，文义赏会、宴饮歌咏之余，重振家族之风便成为最重要的集会主题。

乌衣之游

谢氏家族被夺权后，谢混居住在建康乌衣巷的谢府旧居，很少出门，也较少与人往来，因他性情孤傲，别人也不敢贸然登门造访，当时与谢混交往最多的便是族中的子侄们。元兴、义熙年间[据考证，“乌衣之游”大约发生在元兴年间（402—404年）或至义熙初年]，他时常带领谢灵运、谢晦、谢曜、谢瞻以及谢弘微等人，游走在乌衣巷中。他们以文义赏会，清谈玄理、吟诗作文、宴饮歌咏，是为“乌衣之游”。“昔为乌衣游，戚戚皆亲侄”，对子侄寄予厚望的谢混，不仅在文章上给他们以指点，更在个性上规束子侄，以期他们能够在血雨腥风的家门剧变中静待时机重振家风。

他品评子侄的个性说：阿远[谢瞻]性情浮躁，容易意气用事；阿客[谢灵运]知识广博，但是无拘束；曜儿[谢曜]恃才傲物，操守也不坚定；晦儿[谢晦]很有自知之明，但是却不能吸纳别人的善言。谢混为了勉励他们，还作了一首诗《诫族子》。

诫族子

康乐诞通度，实有名家韵。若加绳染功，剖莹乃琼瑾。

宣明体远识，颖达且沈隽。若能去方执，穆穆三才顺。

阿多标独解，弱冠纂华胤。质胜诫无文，其尚又能峻。

通远怀清悟，采采标兰讯。直辔鲜不踬，抑用解偏吝。

微子基微尚，无倦由慕蔺。勿轻一篑少，进往必千仞。

数子勉之哉，风流由尔振。如不犯所知，此外无所慎。

全诗六个部分，每部分四句。最后四句诗为末章，总结全诗，希望子侄们勤勉精进，弥补不足，重振家族的恢宏。前五部分则各评价了一位子侄，指出他们的优点和不足，并教导他们如何为人处世，他们分别是：

（一）谢灵运

康乐诞通度，实有名家韵。若加绳染功，剖莹乃琼瑾。

谢灵运，原名谢公义，字灵运。十八岁时，谢灵运承袭祖父谢玄的爵位，被封康乐公，世称谢康公、谢康乐。这四句诗是谢混告诫谢灵运：

谢灵运像

“康乐你气度恢宏，很有名家子弟的风范，假如能对自己的个性多加约束，一定会像宝玉藏于晶莹的石头一样，秀外慧中。”正如谢混所言，谢灵运个性不羁，不懂得退避和约束自己，这也为他一生的政治悲剧埋下了伏笔。

谢灵运是谢玄之孙，谢瑍之子。聪慧机敏的谢灵运，深得祖父谢玄的喜爱，谢灵运的父亲谢瑍生性愚鲁，谢玄望着聪敏的谢灵运感慨道：“我尚且只生了谢瑍，谢瑍何以生了灵运呢？”谢灵运幼时好学，博览群书，文章华美，被誉为“江左第一”。他生性喜好奢华，车辆服饰都十分华美，衣服经常一改传统的样式，十分时尚，极受当时人们的追捧。

谢灵运承袭了祖上乐山好水之习，曾发明了一种登山时穿的木屐和曲柄笠，深受文人雅士的喜爱和追捧。

“谢公屐”和“曲柄笠”

谢灵运喜欢登山，尤爱幽峻的险峰，他发明了一种活齿木屐供登山时穿，上山时取掉前面的齿钉，下山则取掉后面的齿钉，这种木屐可以轻松地登坡和在泥泞中行走，被当时的人称作“谢公屐”。这种木屐一直到清朝都十分流行，也是文人雅士最喜欢的登山装备。

脚著谢公屐，身登青云梯。半壁见海日，空中闻天鸡。（唐·李白《梦游天姥吟留别》）

张君瀛洲人，来作武当客。始来武当时，只着谢公屐。（元·范梈《送张炼师归武当山》）

谢灵运登山时还喜欢戴曲柄笠。曲柄笠是一种带有曲柄的斗笠，这种斗笠可以挂在脖颈上，既能遮蔽阳光，风来时也不会被吹掉。头戴斗笠，很有古拙之美，但又不失名士的雅致。一时间，也引得大家纷纷效仿。

谢灵运承袭了祖上的任达之风，行事狂放不羁，为人处世也常有失仪之态。然而魏晋时期的清谈玄学之风早已是明日黄花，谢灵运生活的南朝刘宋王朝，已处于儒学大兴、玄学式微之际，所以谢灵运的言行时常会遭人诟病。好在朝廷只是把他以文士相待，并不多加斥责，但另一方面朝廷也并不予其实权，所以谢灵运常有怀才不遇之感，心有戚戚。

宋少帝刘义符即位后，朝廷的权柄由司徒徐羡之等人把持，谢灵运于是联合一些对此持有异议之人，对徐羡之等人加以诽谤诋毁，徐羡之便把他调离京师，派了一个永嘉太守的职位让他去赴任。

永嘉郡中多有名山胜水，谢灵运本就乐山好水，既不被赏识，于是便肆意游玩。他走遍了永嘉的各个县城，一次出游，动辄十天，游至兴处，一月不归。玩乐时，只吟诗作赋寄托情思，对自己太守的分内之事，却疏忽懈怠。待永嘉山水游遍，又托病离职而去。他的堂弟谢晦、谢曜、谢弘微等人都写信对他进行劝阻，但是谢灵运一概置若罔闻。

祖父谢玄和父亲谢瑍都安葬在始宁县，那里有谢府故居，谢灵运便移居会稽，开始修缮旧时的居处。旧宅幽静，依山傍水，他经常与隐士王弘之、孔淳之等人一起出游，过着“来无所从，去无所至；有酒则舞，无酒则醒；不明不晦，不昧不类”的畅意生活，他希望可以像曾叔祖谢安那样，一直逍遥在会稽的东山之上。此时，谢灵运在诗歌方面的天赋已显，他每有一首诗传到京城，都被竞相传阅和抄写，一时名动京城。他还洋洋洒洒写了万言的《山居赋》，并且自己作注，来叙述山中的幽情雅意。

宋文帝刘义隆即位后，诛杀了曾废立皇帝的权臣徐羡之等人，而与徐羡之等人政见不合的谢灵运自然就受到了命运的垂青，他被征召为秘书监[秘书监：东汉始置，掌管经籍图书]。宋文帝对谢灵运的才华也十分赏识，把他的文章和书法称为“二宝”。然而令谢灵运失望的是，宋文帝依旧没有许以要职，仅是命他修撰《晋书》。此后虽又升迁他为侍中，给予他非常丰厚的赏赐，但也只是把他当作文士来对待，每次宴饮，让他侍奉左右，谈论诗文，仅此而已。这让谢灵运十分愤懑，于是又托病离职，出京城游览，有时十几天也不回府，既不陈明缘由，也不跟皇帝告假，宋文帝见他过于放纵，只好略加规劝，他便上表推说身体不适，于是皇帝让他东归回到始宁。到了会稽之后，他仍旧宴饮游玩。元嘉五年（428年），他因受朝中大臣弹劾而被免官。

虽然到了南朝刘宋时期谢氏家族早已衰微，然而凭借祖产，谢灵运依旧过着鲜衣怒马的优渥生活，僮仆多达百人，谢灵运时常命他们开山浚河，并寻找险峰来供他攀登。有一次，他和上百的随从们从始宁南山伐木开道，一直走到临海，临海太守王琇还以为是山贼来搅扰，惊慌失措，正想出兵平乱，后来才知道是谢灵运出游。谢灵运听说后哈哈大笑，还邀请王琇一起爬山，王琇连连推却。于是，谢灵运给王琇写了一首诗，诗中写道：“邦君难地险，旅客易山行。”意思是，太守您觉得山高水险难成行，作为游客的我却觉得顺风顺水很容易呢。

性情张扬的谢灵运在会稽出游时也是随从众多，每次出行，整个会稽郡都会为之惊动。会稽郡的太守孟顗跟谢灵运一样笃信佛教，但是谢灵运却很轻视孟顗，他曾经对孟顗说："得道须有慧根，您老升天当在我之前，成佛必在我之后。"还有一次，谢灵运和王弘之等人在千秋亭饮酒，酒至酣处，谢灵运袒露上身大声喊叫，孟顗派人前去阻止，谢灵运大怒，喝道："我自己大叫，跟痴人有何关系！"会稽郡的东郊有个回踵湖，谢灵运请求朝廷给湖放水开为田地，宋文帝下旨让州郡办理。回踵湖离城郭很近，孟顗坚持不给。谢灵运又请求把始宁的休崲湖开为田地，孟顗又坚持不给。谢灵运便对外宣称孟顗不肯开田仅仅是可惜鱼虾，而不是为会稽郡的百姓谋利。种种事端让二人结下了很深的仇怨。

谢灵运为人骄纵，行事也不检点，孟顗便抓了谢灵运的一些小把柄上书朝廷，说他意图谋反，然后开始调集兵力准备讨伐他。谢灵运听说后，连忙奔赴京城向皇帝上表，陈说事情的原委，宋文帝知道他被诬陷，没有降罪于他，但也不想让他再回会稽跟孟顗作对，于是便调他去临川做内史。

到了临川任上，谢灵运依旧不改秉性，纵情山水，不理政事，再次被人检举。当时的司徒刘义恭派人去临川缉拿他，谢灵运起兵反抗，又萌生了造反的念头，并作诗言志：

韩亡子房奋，秦帝鲁连耻。本自江海人，忠义感君子。

诗中他称颂张良和鲁仲连，以微弱之力抵御强兵。然而，文弱书生谢灵运很快兵败被捕，移交朝廷后，论罪当诛，宋文帝爱惜他的才华，改判免官，但是彭城王刘义康坚持认为谢灵运罪无可恕。无奈之下，宋文帝只得下诏说：“谢玄功勋可比管仲，他的后代应该得到宽恕，免其死罪，流放广州。”

可是即便这样，谢灵运仍旧不能安分，在去往广州的途中，他许人钱财，命人买弓箭刀盾等物，让人在路上营救他。就这样，谢灵运失去了宋文帝对他最后一次的原宥，宋文帝下诏在广州处死谢灵运。

元嘉十年（433年），四十九岁的谢灵运被斩杀。

（二）谢晦

宣明体远识，颖达且沈隽。若能去方执，穆穆三才顺。

谢晦，字宣明，是谢朗之孙，谢重之子。这四句诗是谢混告诫谢晦：“虽然宣明你有远见和卓识，既聪颖明达，又不失沉毅果断，但如果能摒弃性格中的固执，那么就可以通达于天地人三才之中了。”或许谢晦深深记住了族叔谢混的教诲，在后来的政治生涯中，他行事极尽变通，反而给别人留下了“善于机变”的印象，到了令人不得不防的地步。

谢晦风姿俊美，眉目清秀，博学多闻，并善言辞。早期的谢晦确有光复谢家荣耀的可能，因此他深得刘裕的赏识。

东晋末年，谢晦在建威将军孟昶的军府中担任中兵参军[中兵参军：参见“参军”释义]，孟昶死后，谢晦被举荐至刘裕府中担任太尉参军。一次，刘裕要审问案犯，恰巧掌事的刑狱参军生病，刘裕便让谢晦顶职。谢晦只看了一遍案件的文牒，便能对刘裕的提问对答如流，因此得到了刘裕的嘉许。义熙十一年（415年），刘裕出兵讨伐东晋宗室将领、荆州刺史司马休之，谢晦随军出征。当时，前锋振威将军徐逵之出战而死，刘裕见状便要

亲自披甲登岸作战，将领们纷纷劝阻，但是刘裕不听。这时，谢晦将刘裕紧紧抱住，刘裕喝道："再不放手，我杀了你。"谢晦回答说："天下可以没有谢晦，但不可没有刘公，我死又何足挂齿！"此时，司马休之的兵将退走，刘裕只得作罢。

出身名门、仪表堂堂，又对自己忠贞不二，面对这样的谢晦，刘裕自然把他引为心腹。在刘裕出征关西、洛阳时，谢晦随行，刘裕把内外大事都交给谢晦处理。谢晦的细致周到也令刘裕有如虎添翼之感。一次，刘裕在彭城设宴，酒至酣处，刘裕起身想作诗，然而一介武夫出身的寒门子弟的作诗水准可想而知。于是，谢晦忙起身，低声劝谏之后，又当即代刘裕赋诗一首：

彭城会

先荡临淄秽，却清河洛尘。

华阳有逸骥，桃林无伏轮。

片刻尴尬之后，其他人便群起纷纷作诗响应。这时酒醒大半的刘裕才恍然一惊，幸有谢晦，自己才没失掉面子。

义熙十四年（418年），刘裕命人鸩杀晋安帝司马德宗，另立他的弟弟琅邪王司马德文为皇帝，即晋恭帝。元熙二年（420年），刘裕逼迫晋恭帝司马德文禅位，自己在石头城即皇帝位，建国号"宋"，改元永初，是为宋武帝。登基时，谢晦带领将士担任警卫。曾辅佐刘裕伐后秦、战北魏的谢晦此时也自然加官晋爵，加任中领军，封武昌县公。

然而不到两年，初为人主的刘裕就患病了。当时，他赐谢晦仪仗武士二十人，并命谢晦同刘道怜、徐羡之、傅亮、檀道济一起入宫侍奉。又过

了两个月，刘裕病重，时任领军将军的谢晦与护军将军檀道济、司空徐羡之、仆射傅亮等人一起，受命辅佐新帝刘义符。被帝王临终前托以治国重任，是人臣最大的殊荣，可见谢晦当时受刘宋朝廷的重视程度。

只是，谢晦怎么也没有想到，同祖辈一样，对皇室尽忠尽责的他竟然遭到了刘裕的猜忌。病重时分的刘裕曾经召见太子刘义符，告诫他说："檀道济虽有才略，但是胸无大志；徐羡之和傅亮也心无二志；但屡次随我征战的谢晦，为人机敏，善于机变，若有人怀有异心，必定是他。"带着谢混的嘱托，谢晦剪去方执，圆通行事，征战疆场，只是不知此时，若是谢混能够听到刘裕对谢晦的评价，他又将做何感想。

永初三年（422年），戎马一生的刘裕驾鹤西去，刘义符即位，时年十七岁，是为宋少帝。根据刘裕遗命，谢晦等四人辅政。即位后的刘义符需守丧礼，然而他居丧无礼，守丧期间游乐无度，甚至命乐府演奏音乐，珍馐佳肴比平日还多。懿后去世时，他甚至和下人一起手执牵引棺材的绳索拍掌嬉戏。

昏庸的刘义符终日声色犬马，不理国政。魏兵犯境，部下作战失利，他也全然不放在心上。喜怒无常的他时常手执皮鞭责打无罪之人，挖水池、筑楼台，刚刚修建好又立刻毁掉。群臣劝诫，他也置若罔闻。

景平二年（424年），徐羡之、傅亮及谢晦等人密谋废黜刘义符。徐羡之、檀道济等人带兵杀入华林园[华林园：古宫苑名，三国吴建，南朝宋元嘉时扩建，位于今南京市鸡鸣山南古台城内]，将酣睡在龙舟上的刘义符带到岸上，收取了他的印玺，以太后的名义废其为营阳王。而后，徐羡之命人弑杀刘义符，同时又将最有资格继承皇位的刘裕的次子庐陵王刘义真废为庶人。几

人共同拥立刘裕三子刘义隆登基，是为宋文帝。

刘义隆为人有胆识、有谋略，他不能容忍大臣擅行废立，干预皇室之家事。在即位之初，刘义隆对拥立他登基的谢晦、徐羡之、傅亮和檀道济等人都封以高官。到了元嘉三年（426年），在做好部署之后，刘义隆便开始诛杀曾经谋逆之臣，他的第一个目标就是远在荆州担任刺史的谢晦。谢晦的弟弟谢皭听到消息后，立即命人告知谢晦。听到朝廷将要讨伐自己的消息，谢晦开始并不相信，直到书信接连而来，他才不得不考虑对策。谢晦说：“荆州是用兵之地，粮食供给也很充足，姑且先较量一番，待到兵败再逃不迟。我本不是贪生怕死之人，只怕是辜负了先帝的恩义。”于是，他委任周超为司马带领将士迎战朝廷之兵。

不久，刘义隆又下令诛杀徐羡之、傅亮与谢晦之子谢世休，并逮捕了谢晦的弟弟谢皭与侄子谢世平、谢绍。

谢晦亲率两万士兵从江陵出发，战船从江津[江津：重庆市南，长江沿岸]一直排到破冢[破冢：湖北江陵县东南，长江东岸]，旗帜相映，声势浩大，谢晦叹息道：“恨不能以此舰队来保卫皇室。”部队到达江口后，击破了驻守彭城的将领到彦之。当初，在废立皇帝时，谢晦与徐羡之、傅亮商议了自我保全之计——谢晦占据长江上游，檀道济镇守广陵，二人都握有重兵，徐羡之和傅亮在朝中掌握朝权，四人可以一起制约朝廷。但是对行废立之事的四人，刘义隆采取了分化政策，开始只是针对谢晦、徐羡之和傅亮三人，对檀道济却并不加以惩处。朝廷见到彦之兵败，便派檀道济去指挥作战。檀道济善战，谢晦得知这一消息，非常惶恐。檀道济到达后，与到彦之合兵，朝廷的船队很快将长江封锁，谢晦的部队很快失去了斗志，兵众

溃散。谢晦只好带着弟弟谢遁、侄子谢世基等七人北逃。由于谢遁身体肥胖，不能骑马，谢晦时常要停下来等他，所以跑得很慢，后被人抓住，用囚车押送京师。途中，谢晦遥想自己一生，感慨万千，作下《悲人道》一诗：

悲人道

悲人道兮，悲人道之实难。哀人道之多险，伤人道之寡安。

懿华宗之冠胄，固清流而远源。树文德于庭户，立操学于衡门。

……

我闻之于昔诰，功弥高而身蹙。霍芒刺而幸免，卒倾宗而灭族。

周叹贵于狱吏，终下蕃而靡鞠。虽明德之大贤，亦不免于残戮。

怀今惮而忍人，忘向惠而莫复。绩无赏而震主，将何方以自牧。

……

世安彼兮非此，岂晓分兮辨惑。御庄生之达言，请承风以为则。

诗中陈说自己一生的事迹，感慨功高之臣却狠遭屠戮，富贵之身到老却无所依靠。临死的谢晦发出了哀鸣之音。谢晦被押送到建康后，与弟弟谢皭、谢遁，侄子谢世基、谢世猷一起被杀。就在谢混去世后的第二十六年，谢氏家族再次获得的荣宠还未退去余温，谢晦连同族中的八位子弟又命丧黄泉。

（三）谢曜

阿多标独解，弱冠纂华胤。质胜诚无文[子曰：“质胜文则野，文胜质则史，文质彬彬，然后君子。”（《论语·雍也》）]，其尚又能峻。

谢曜，字多。这四句诗是谢混告诫谢曜：“阿多你标新立异，独具一

格，年方弱冠[弱冠：《礼记·曲礼上》："二十曰弱，冠。"古代男子二十岁行冠礼，故"弱冠"用以指二十岁左右的男子]就继承了祖上的事业，只不过稍嫌质朴而文采不足，如果能多加修正，则定会超拔脱俗。"

谢曜的事迹生平多不为史书所载，只知曾担任御史中丞和彭城王刘义康的骠骑长史，后死于任上。

（四）谢瞻

通远怀清悟，采采标兰讯。直辔鲜不踬，抑用解偏吝。

谢瞻，字宣远，又字通远。这四句诗是谢混告诫谢瞻："通远你胸怀高洁，心性聪慧，英名远播，然而横冲直撞不懂迂回，难免会摔倒，这就需要你克服偏执狭隘的性情。"也许是谨记了谢混的教诲，在谢氏子弟中，谢瞻是最退避功名之人，他继承和发扬了家族中"素退为业"的自守门风，并时常规劝圣眷正隆的弟弟谢晦。

谢瞻是谢晦之兄，谢重之子。谢瞻六岁时便能妙笔著文章，他写的《紫石英赞》《果然诗》，令当时有才学之人都为之惊异。谢瞻曾作《喜霁诗》，由谢灵运书写，再由谢混咏诵，当时名士王弘见了啧啧赞叹，称之为"三绝"。

谢瞻父母早亡，兄弟几人皆由婶母刘氏抚养，刘氏的弟弟刘柳被派到吴郡当太守时，携带刘氏一同前去，谢瞻便辞掉自己的职务跟从刘氏，希望自己能侍奉刘氏左右。到了吴郡，谢瞻担任刘柳的建威长史，宋武帝刘裕登基后，改任相国从事中郎。

刘裕登基后，十分重用谢晦，这却让谢瞻有了不祥之感。一次，谢晦从彭城回到京都迎接家人，当时宾客盈门，众人都想巴结这位当朝的权贵。谢瞻见状，十分惊骇，他对谢晦说："我们谢家一直以退避自守为门风，你现在权倾朝野，恐怕不是家门之幸啊。"于是，他将自己家和谢晦家用篱笆隔开，并说："我见不得这显赫的热闹景象。"虽如此，谢瞻也还是屡次劝诫谢晦不要锋芒太露。在一次家族聚会中，谢灵运和谢晦品论西晋的潘岳、陆机和贾充，谢灵运问谢晦三人孰优孰劣。谢晦说："潘岳巴结权贵，陆机邀功不休，他们俩都不能自保，贾充的功勋非潘、陆二人可比。"谢瞻听到他们的对话，便借机对谢晦说："如果在显贵之时能够放权，就不会招致祸患，危难也不会如期而至了。君子明哲保身大概就是这个意思吧。"但身处显达之位的谢晦哪里听得进去呢？

谢瞻见自己的劝诫并没有对谢晦产生作用，于是转而向宋武帝刘裕进言："我本出身寒门，父祖俸禄不过二千石，我的弟弟谢晦不过而立之年，志趣和本领均无过人之处，现在却窃居高位，恐怕他无福消受，恳请贬降他的职务，以保存我衰弱的门庭。"谢瞻的退避和隐忍个性由此可见一斑。

谢晦有时候会将朝中机密之事告诉谢瞻，谢瞻便将这些事当作玩笑说给旁人，以此种办法令谢晦不得不保守机密。永初二年（421年），谢瞻病重，久治不愈，谢晦赶忙回到谢瞻身边探视，为他的疾病奔走，谢瞻让他立即回去，并对他说："你身为朝中重臣，又总领军政，万里远出，一定会遭到怀疑和诽谤的。"不出谢瞻所料，谢晦外出期间，立即就有了关于他思变的谣言。谢瞻临终前又致信谢晦，劝诫他"弟思自勉，为国为家"。只可惜，谢晦一直没有听从谢瞻的退避之劝，最后不得善终，谢瞻去世后的第五年，谢晦便被斩杀了。

（五）谢弘微

微子基微尚，无倦由慕蔺。勿轻一篑少，进往必千仞。

谢弘微，名密，字弘微。这四句诗是谢混劝勉谢弘微：“微子你谨小慎微，如此孜孜不倦是因为仰慕蔺相如的为人。不要轻视一筐沙土，聚沙成塔，坚持不懈就会堆成千仞高山。”

谢弘微是谢万的曾孙，谢韶之孙，谢思[谢思：一说“谢恩”]之子。他性格沉稳，说话很有分寸，深得谢混的喜爱，谢混曾对谢思说：“弘微这孩子稳重聪慧，将来一定会成大器，有这样的孩子你该心满意足了啊。”谢弘微十岁时，被过继给谢峻。谢峻是谢琰之子，与谢弘微是同族远亲，但谢弘微对待谢峻的亲戚也能够悉心照料。

后来，谢峻死于孙恩之乱，谢弘微承袭了谢峻建昌县侯的爵位。分配遗产时，素来节俭的谢弘微只接受了数千卷书和封国的几个小吏，对谢峻的遗产及俸禄毫不关心。谢混听说后，十分惊异，他对国郎中令漆凯之说：“建昌县侯的俸禄本应我与谢弘微家共享，但是他却毫不放在心上，但也应当按常例分送给他。”谢弘微不愿违背谢混的意愿，但也只接受了很少的一部分。

谢混带领子侄们出游时，时常夸赞谢弘微，他对谢瞻等人说：“你们几个虽然才思敏捷，长于思辨，但是未必能够使所有人诚服，说到领会品评，言辞简约，我们应该共同推崇微子。”对于这些子侄，谢混总是指摘他们的不足，但是对于谢弘微，他说：“关于微子，我没有什么非议，因为他与别人意见不合时，并不会伤害别人的感情；而与人意见相同时，定不是危害道义之事，到了六十岁，他应该可以登上公辅的大位。”

义熙八年（412年），谢混因与刘毅结党而被诛杀，刘裕下诏让谢混之妻晋陵公主与谢氏离绝，改嫁王练。公主只得将家中大小事务以及两个年仅几岁的女儿托付给谢弘微。谢混家中几代宰辅，几封为公，田产和仆役不计其数，谢弘微经营家计时，如经办公事，一枚钱、一尺帛的进出都记录在册。宋少帝刘义符即位后，将晋陵公主的封号降为东乡君，并允准她返回谢家。而此时，距离谢混离世已经九年了。东乡君回到家中一看，房屋齐整如新，粮仓充盈，仆役无异，良田似比之前更多了。于是，她感慨道："谢混生前看重这孩子，他果不负所望，谢混后继有人了。"

始祖谢衡的儒士风范也在谢弘微身上得到了最好的体现，他侍奉长辈十分恭谨，早晚请安问候，诚敬有加。操持大小事务时总是端正衣冠，在仆役面前不苟言笑，阖家上下无不敬服于他。谢弘微母亲去世后他离职丁忧，居丧期间的孝顺被广为称颂。他从小丧父，对待兄长如同对待父亲一样恭敬，他的哥哥谢曜喜欢褒贬别人，谢弘微常常用别的话来打断他，以端正谢曜的言行。谢曜去世后，谢弘微悲恸欲绝，过了居丧期，仍旧一直吃素。一次，僧人释慧琳与他一起吃饭，见谢弘微还是吃素，便对他说："你身体原本多病，现在服丧期满，但你却还没有恢复平常的饮食。如果因为这个而伤了身体，难道是你所期望的吗？"谢弘微放下筷子，唏嘘不已，他说："穿着丧服是根据礼制，不可改变，但是心中的哀痛，实在不能自持啊。"

谢弘微的性格谨小慎微，行为举止都依循礼度。宋文帝刘义隆即位后，十分赏识和重用他，先是任他为黄门侍郎，而后迁任尚书吏部郎，参与朝廷机密大事的定夺，后又转任右卫将军，朝中文武官员的选定都由他参与评议，又历任中庶子，加侍中，但是谢弘微忌惮权宠过重而招致祸害，所以坚决辞让官职。谢弘微做事也十分谨慎小心，上书陈奏事宜的奏折，他一定亲自书写，而后将底稿焚烧，这样便无人知晓他奏报之事。谢弘微简朴节约，只是在饮食上极为考究。因为擅长做美食，宋文帝会时常去他家吃饭，宋文帝离开之后，亲人问起皇帝的饮食喜好，谢弘微总是顾左右而言他。

东乡君离世后，对于家中留下的遗产谢弘微一概不取不用，还用自己的俸禄为东乡君操办丧事。等到东乡君下葬时，谢混的墓穴被打开，谢弘微带病前去哭拜，回来后病重。元嘉十年（433年），谢弘微离世。宋文帝十分痛惜，他对谢氏子弟中的谢景仁说："谢弘微年逾四十，他的声名和地位远不及他的才华和能力，这是我的过失啊。"于是，派了两千人为他治办丧事，又追赠为太常。当时的名士沈约评价谢弘微说："简约而无疏失，淡泊却不放纵，古代所说的名臣，谢弘微当之无愧。"

会稽山上，乌衣巷中，不变的是，子侄们都带着长辈的殷殷期盼，各自走上了不尽相同的人生之路。不同的是，此时谢氏子弟的心境，早已不复从前的意气风发了。因为，天地，早已改换了它原本的模样。

山泽之游

继乌衣之游后，谢氏子弟中又有谢灵运和并称"四友"的族弟谢惠连、东海的何长瑜、颍川的荀雍、泰山的羊璿之等人，一起到山泽之中游览，赋诗属文，被后人称为"山泽之游"。与谢氏家族长辈以文艺教习子弟的乌衣之游不同，谢灵运与谢惠连等人的山泽之游，更像是一场文字游戏，他们互相激发文学上的才情，不仅成为文学史上的一段佳话，而且也留下了大量的诗歌作品。

（一）初见谢惠连

宋少帝刘义符即位后，谢灵运因得罪权臣徐羡之，被贬至永嘉任太守，心中郁郁不平的谢灵运不理政事，在永嘉优哉游哉。厌倦之后，索性托病离开永嘉，回到会稽郡始宁县的故居。时任会稽太守的谢方明正是谢灵运的族叔，到了会稽郡，谢灵运便前去拜访谢方明。

谢方明，字秀度，是谢铁之孙，谢冲之子。谢方明身上也兼具家族中儒玄两种气质，又以庄重的儒雅之气为多。当时，谢方明的父亲谢冲和伯父谢邈都死于孙恩之乱，家中财物也被洗劫一空，虽然当时因动乱吉凶之礼尽废，但谢方明还是花了几个月的时间将丧事办理完毕，当时人都评论说，即便在太平盛世，这些礼数也足够周全了。

谢方明曾任晋陵[晋陵：今江苏常州]郡太守，他曾在过年的时候下令将江陵县监狱中的囚犯全都放回家过年，当时有人阻止说："虽然前人有过释放囚犯之事，但是这也仅仅是一种夸张的记录，况且现在的人也不可以用古时候的道义来衡量，这事万万不可啊。"谢方明没有听从，执意将囚犯全都放回家去，过了年，囚犯果然都陆续回来，没有一个逃走的。这件事被当地百姓传为佳话。

后来，谢方明调任会稽郡太守。当时会稽人口众多，民风不古，贪官横行。到了任上，他秉持祖辈谢安的为政之道，移风易俗，实行渐变的改革，不搅扰百姓生活。他不拘泥于法令，先是废除了一家犯法牵连邻居的法规，又将很久得不到处理的案子秉公办理，深受会稽百姓的爱戴。

虽然谢灵运与谢方明年纪相仿，但是面对这样一位严肃恭谨、正襟危坐的族叔，谢灵运自然是与他话不投机。令谢方明诧异的是，谢灵运对令自己头痛的儿子谢惠连却赞赏有加。

谢方明的长子谢惠连，从小聪慧，十岁时便能撰写妙文，然而年纪稍长的谢惠连却痴迷于浮夸绮丽的文字，又好男风，行为散漫不拘礼数，这些秉性都很合“乐嬉游而惮拘谨”的谢灵运的脾性。对这个相差二十二岁的弟弟，谢灵运很是喜欢，并引谢惠连为知己，从这次见面后，甚至“每次作诗时，只要见到惠连，就能拾得佳句”。

一次，谢灵运写了一首《登池上楼》，但是其中一句怎么也不满意，酝酿了整整一天还是想不出来。夜里他梦到了谢惠连，在梦中便得了“池塘生春草”一句，醒来时放进诗中一看，十分工整巧妙，他连连说：“这句诗有如神助，并非是我写就的啊。”

登池上楼

潜虬媚幽姿，飞鸿响远音。薄霄愧云浮，栖川怍渊沉。

进德智所拙，退耕力不任。狥禄反穷海，卧痾对空林。

衾枕昧节候，褰开暂窥临。倾耳聆波澜，举目眺岖嵚。

初景革绪风，新阳改故阴。池塘生春草，园柳变鸣禽。

祁祁伤豳歌，萋萋感楚吟。索居易永久，离群难处心。

持操岂独古，无闷征在今。

谢灵运平时狂妄自大，都不把别人放在眼里，唯独对谢惠连青眼有加，与他结成刎颈之交。

“四友”中的何长瑜是谢惠连的老师，也因性情浮躁被谢方明厌弃。何长瑜曾在临川王刘义庆的府中做平西记室参军，他经常写诗揶揄刘义庆府中的其他官吏，比如他将陆展染白发以讨好妾室的事写成类似打油诗一类的韵语——“陆展染白发，欲以媚侧室。青青不解久，星星行复出。”然后还把这件事写信说给别人听，文字里的故事便被听者大肆渲染，被以讹传讹地流传开来。刘义庆府上的很多官吏都曾遭到何长瑜的挖苦嘲笑。

就是这样不羁的何长瑜，也深得谢灵运的赏识。他见谢方明对谢惠连和何长瑜二人十分疏离，便对谢方明说：“阿连的才气和悟性这般超群，您却只把他当成普通的小孩对待；长瑜堪称今世的王粲[王粲：字仲宣，东汉的名士，“建安七子”之一]，您却只把他当成下等的门客。叔父既不能礼贤下士，不如就让我把长瑜带走吧。”说罢，偕何长瑜扬长而去。

（二）诗文相和

元嘉三年（426年），谢方明去世。谢惠连在为父亲守丧期间，不能谨守礼法，还为与他有龙阳之好的小吏杜德灵写了十余首五言诗。诗词中尽是靡靡之音，这样的诗又广为流传，朝廷很不高兴，废掉了他家族的爵位，并不允许他入朝为官。这件事对谢惠连影响很大，从此时起他传世的诗文中开始有了晦暗的色调。直至元嘉五年（428年），谢灵运的归来，让他的人生再次有了光亮。

这一年，谢灵运辞去侍中一职，开始人生中第二次隐居会稽的生活。谢灵运东归之后，谢方明已经离世两年，再见谢惠连时他是半点拘束也没有了。于是，谢灵运、谢惠连、何长瑜、荀雍与羊璿之几人时常同游山泽，赋诗咏文，五人以文章赏会，相互作诗酬和，度过了一段风雅的生活。

此段时间，谢灵运和谢惠连都有大量的诗作流传于世，多是他二人相和的诗篇。谢惠连有《离合诗二首》，谢灵运存《作离合》的答诗。离合诗，采用析字的方法，将一个合体字离析为两个或两个以上部分，前句诗中出现这个中心字，后句诗以暗示语消去这个中心字的一个部分，其实是一种以诗歌为形式的文字游戏。谢惠连的《七月七日夜咏牛女诗》与谢灵运《七夕咏牛女诗》，是二人关于“七夕”的唱和之作；二人还有《鞠歌行》《顺东西门行》《陇西行》等同题、同典的乐府诗。

然而，谢灵运等五人的这种惺惺相惜的交游，却不得不因为谢惠连重被朝廷起用而暂停了。元嘉七年（430年），因为爱惜谢惠连的才华，时任尚书仆射殷景仁为谢惠连曾作浮靡之诗的罪状开脱，他给宋文帝刘义隆进言说：“臣小时候便读过那些诗，有人说这是谢惠连所作，其实并不是。”刘义隆说：“如果是这样，应该让他入朝为官才是啊。”于是，朝廷任命谢惠连为司徒、彭城王刘义康的法曹行参军[法曹行参军：掌管刑法的官职]。

赴任前夜，谢灵运等人为谢惠连送行，谢惠连作诗《夜集叹乖诗》，赴任途中又作《西陵遇风献康乐》，表达了忧伤的离愁别绪。谢灵运亦有《酬从弟惠连》《答谢惠连》两首酬答之作，述说对谢惠连的思念，以及期待他归来同游的心愿。

谢灵运与谢惠连既是血浓于水的同族兄弟，更是志同道合、情投意合的知己。谢惠连曾作《雪赋》，立意高妙，辞藻瑰丽，谢灵运见了便对人夸赞说：“即便是张华[张华：西晋名士，多才艺，擅诗赋，著有《博物志》一书]再世，也不能修改他的文章啊。”

谢灵运与谢惠连二人在诗歌创作上互相激发，从彼此的文学素养中找到了无数的灵感。虽然在政治上郁郁不得志，不能完成“风流重振”的家族伟业，但是朝政更迭，一门荣宠早已昨是而今非，只是当时的谢氏子弟并不知道，让他们一门流芳的，除了庙堂之功，还有文学的繁华，而这之中最引人瞩目的，当数谢灵运和谢惠连了。

历史并不会因一个家族、一个人的兴衰荣辱而停下它滚滚的车轮，只是去日苦多，落落余晖之下，多有谢家子弟哀怨而落寞的身影。带着长辈重振家族的殷殷期望，谢氏子弟希望可以在瞬息万变的朝政更迭中抓住一线生机。但是，哀鸣之音早已奏响，衰颓的大势任谁也遮挽不了，昔日中枢朝权已经遥远得不可碰触，繁华也渐行渐远，伴随着王朝的覆火，谢氏子弟四散飘零，皆长眠于荒冢之下。

第二节　零落成泥

在南朝时期，谢氏家族中仍有一批子弟活跃于朝堂之上，其中也不乏列位高官者。只是他们不再握有中枢的权柄，更没有方镇的军事力量可以依仗，所任官职多是没有实权的文职，他们不过是为由寒士起家的皇族撑门面的“华丽装饰”而已。风雨飘摇的政坛，昏暗蒙昧的朝堂，很难再给他们叱咤的机会了，而此时的谢氏子弟也再未建寸功。随着战火的蔓延，谢氏子弟四散飘零。至隋朝建立时，典籍中再不现陈郡谢氏子弟的身影，乌衣巷中的谢府堂前之燕，也纷纷飞临百姓家门。唯有他们的山水诗篇，历千年而不衰，谢氏家族在朝权的荒野蔓草之中培育出了文学的永生之花，它们就像谢氏家族流传下来的家风，历久弥新，永远不败。

沉浮宦海，逐水飘零

南朝，是继东晋覆灭之后，宋、齐、梁、陈四个朝代的总称。自420年刘裕建立刘宋政权，直至589年陈朝被隋文帝杨坚消灭，南朝共历169年，其中最长的朝代仅有59年，而最短的齐王朝才23年。在这些短命的王朝中，“子弑父，弟杀兄，侄屠叔，叔灭侄”的皇室丑剧从未落幕过，谢氏子弟就跟随这些骤变的朝政，沉浮于宦海之中，逐水飘零。

（一）刘宋时期的谢氏子弟[南朝中四个朝代存在时间较短，谢氏子弟生活时期贯穿多个朝代，文中以他们去世时间为节点安排在各个时期之中。后三个时期皆如此]

元熙二年（420年），刘裕废掉了司马德文，终结了东晋王朝的统治，建立了刘宋王朝，改元永初。立国之初，刘裕吸取了东晋时期士族权柄过盛而致皇权不振的教训，将朝权分给诸皇子。只不过也许刘裕忘记了“八王之乱”的祸由，所以在经过宋文帝刘义隆时期短暂的“元嘉之治”后，皇室子弟之间夺权的大幕即被拉开，八个皇帝中竟有四个皇帝被废黜。几个皇帝之中也多是荒淫嗜杀、凶残暴虐之人，谢氏家族子弟就在这样变幻不定的朝政下存活，无论是家族命运，还是个人安危都有着太多的不确定性。幸运之人或可得皇帝的垂青，而不幸者，只能身首异处。

1.谢景仁

谢景仁，名裕，字景仁，因为名字犯了刘裕的讳，所以称字。他是谢据之孙，谢允之子。

如果说在曾祖辈谢鲲、祖辈谢奕之时，藐视权贵尚是一种玄风任达的外显形态，那么到了谢景仁这里，对权贵的不附和，则内化成了一种骨子里的清高。谢景仁当时被朝廷任命为前军行参军和辅国参军事，当时会稽王司马元显的宠臣张发顺权倾朝野，文武官员莫不登门拜谒，只有谢景仁不曾到访。没想到，谢景仁的这一举动得到了桓玄的赏识，桓玄建立桓楚政权后，谢景仁被封骠骑将军。桓玄外出时，其他人都骑马相随，唯独谢景仁可乘车伴驾。

一次，时任桓修抚军中兵参军的刘裕到谢景仁府中议事，二人相谈甚欢，谢景仁留刘裕一起吃饭。在准备宴席时，桓玄召谢景仁入宫觐见，谢景仁回复说要留客吃饭，让桓玄等待。桓玄性情急躁，见谢景仁不去，就又连发几道诏书。刘裕见状，只好请求离开，谢景仁没有答允，他说：“主上对臣下，应该有分寸，我与宾客一起吃饭，怎么就不能等待一下呢？”直到酒足饭饱的刘裕离去后，谢景仁才应诏前去。

后来刘裕登基，谢景仁被任命为武陵王司马遵的记室参军、从事中郎，而后升任车骑司马、晋陵太守，后又转任吏部尚书。当时谢混任左仆射，根据朝中任职规定，同一家族之中不可以有两人同时供职于同一部门，刘裕特赦，没有要求谢景仁解职。

义熙十二年（416年），时年四十七岁的谢景仁去世，下葬之日，刘裕前去吊唁，悲恸哀哭，甚是遗憾。

2.谢述

谢述，字景先，小名道儿，是谢景仁的四弟。内儒外玄的谢氏家族中以儒士风范见称的子弟并不多见，谢述是其中之一，他以“悌”知名。

当年，谢述的二哥谢纯因追随刘毅，死于刘裕讨伐刘毅的战乱之中。与之同在江陵的谢述护送谢纯的灵柩返回京都。走到西塞时，恰遇风暴，载有谢纯棺椁的船漂走了，谢述不顾风暴，独自驾舟寻找，谢纯的妻子庾氏不忍，命人对谢述说：“不管丧船沉没与否，它总在那里，这么大的风浪，你怎能这样冒险呢？难道要活着的和死去的都失去吗？”谢述哭着回答说："如果那船安全到岸，我必当妥善照管。如果那船发生了什么意外，我也无意独活于这人世间了。"而后驾舟疾行，突然他远远见到丧船在风浪中，风浪袭来，丧船几近被淹没了，谢述哭声震天，所幸最终风暴止住，丧船躲过一劫。人们都说是谢述精诚所至，那船才得以平安。后来，刘裕听说了这件事，十分称许，谢述也因此受到刘裕的推重。

但是，以"悌"著称的谢述却不被他的大哥谢景仁所喜。在众兄弟之中，谢景仁颇喜欢三弟谢甝。一次，谢景仁设家宴款待刘裕，本打算让谢甝作陪，但刘裕却诏令谢述前来，谢述知道这并非谢景仁的意愿，只得谎称有急事，但刘裕又派人骑马去请，直到谢述来了之后才开宴。后来，谢景仁病重，谢述仍旧能够尽心照料这位大哥，汤药饮食必定自己尝试过之后才端给谢景仁。这期间，谢述几十天没有宽衣解带、盥洗梳理，谢景仁深感愧疚，自此，才开始亲近这个弟弟。

谢述在为政上也能够谨小慎微，当时雍州刺史张邵因贪污罪被廷尉定为死刑，谢述上表刘裕，表示张邵祖上立下汗马功劳，所以张邵应该得到宽宥，意见被刘裕采纳。谢述对他的儿子谢综说："张邵平素就忠于皇上，皇上原本就有意对他加以宽容，我的奏折不过恰巧合乎了皇上的心意，所以才能被采纳，但如果此奏章被公布于众，则抢夺了皇上对张邵的恩德，这是万万不可的。"于是，他命谢综当面烧毁奏章的底稿。而后，谢述转任吴郡太守，在任上政务清明，很得百姓的爱戴。

义熙十二年（416年），也就是谢景仁去世的这一年，谢述也去世了。

3.谢皭

谢皭，字宣镜，是谢晦之弟。谢皭幼年便有懿行嘉德，他的母亲郭氏在他只有几岁的时候就患下痼疾，一直缠绵病榻之上。但无论晨昏寒暑，风晴雨雪，谢瞬都须臾不离，侍奉在侧。他担心仆役照料不周，尝药、捧膳无不亲力亲为。病中的郭氏害怕响声，为了不影响母亲休息，谢瞬便轻声迈步，小心异常。全家上下见状都被感动，于是无论长幼尊卑，全都脱下鞋子走路，屏住气息不敢大声说话，如此，竟坚持了十年之久。

谢瞬最初任州主簿、中军行参军、太子舍人。后来，朝廷又升迁他为秘书丞，但是他以为这次升迁是因为兄长谢晦位高权重的缘故，所以受到越级提拔，于是坚决辞让。然而，一向谨小慎微的谢瞬，却因为谢晦染指废立皇帝之事被株连，而被宋文帝刘义隆诛杀，这一次，却再也没办法"辞让"了。虽然他的儿子谢世平得到宽宥，但是其早夭又无子嗣，他的这一脉，就此断了线。

4.谢庄

谢庄，字希逸，谢弘微之子。幼时的谢庄得到了很好的家族教育，他七岁便能作文，精通《论语》。他还将编年体的《春秋左氏传》改写成国别体，又把各国地形制成木板地图，绘出各处山川河流，地图分开是各州郡地图，合并到一起则是统一的版图。刘裕曾赞誉谢庄说："只有蓝田产美玉，看来其言非虚啊。"意指谢氏家族英杰辈出。

元嘉二十九年（452年），南平王刘铄进献了一只极为稀罕的红鹦鹉，宋文帝刘义隆诏令群臣以鹦鹉作赋，时任太子中庶子的谢庄信手写就一篇。当时的太子左卫率袁淑以文采见长，当时无人能出其右，他写完之后拿给谢庄看，当时谢庄也写好了，袁淑读了谢庄的赋文感叹道："如果江东无我，则卿才冠江东；而我若无卿，亦一时文杰啊。"说罢，将自己的赋收起来，再不示人。

虽然谢庄善文，但却险些因文丧命。当初，刘骏的宠妃殷贵妃去世，谢庄为殷贵妃写了一篇诔文，文中有一句“赞轨尧门”，用了汉昭帝刘弗陵的母亲赵婕妤“尧母门”的典故。

尧母门

婕妤是汉代皇帝后宫嫔妃的封号，刘弗陵之母赵氏，位至婕妤，故被称为“赵婕妤”，她是汉武帝刘彻的宠妃。据说，刘弗陵和尧帝一样，都是怀胎十四个月而生，汉武帝便将刘弗陵出生时的房间门命名为“尧母门”。后来，刘弗陵做了皇帝，是为汉昭帝。

谁知这一典故却犯了太子刘子业的忌讳，刘子业是刘骏的长子，但非殷贵妃所生。谢庄用这个典故，在刘子业听来似乎是谢庄在暗示天下应由殷贵妃之子继承大统。所以，待到刘子业登基之后，便命人去质问谢庄：“你当初给殷贵妃作诔文的时候，眼中还有太子吗？”刘子业本想诛杀谢庄，而后被侍臣劝阻，改判囚禁。后来刘子业因为残暴和乱伦的恶行被废，谢庄才官复原职。但不久，他便去世了。

（二）南齐时期的谢氏子弟

刘宋后期，皇室兄弟间攘权夺利、相互杀戮，政治混乱，朝权渐归于兖州刺史萧道成，昇明三年（479年），萧道成逼迫宋顺帝刘凖禅位，建立了齐王朝，改元建元，是为齐高帝。在齐高帝萧道成和其子齐武帝萧赜的治下，社会进入了相对稳定的发展时期，但是好景不长，萧赜死后，齐王朝的皇帝又走上了刘宋灭亡的老路，兄弟、叔侄间的相互残杀又成为皇室最常上演的戏码。此时的谢氏子弟，或度壶中日月，不理政事，或率性而为，随遇而安，因为他们清楚，朝权瞬息万变，荣宠早已不再可靠。

1.谢超宗

谢超宗，谢灵运之孙。谢灵运因反抗朝廷被发配广州，他的儿子谢凤和孙子谢超宗也一同被发配，谢凤早死，谢超宗在元嘉末年回到京都。

谢超宗承传了谢灵运的文采之风，颇负盛名。刘骏的宠姬殷贵妃去世时，他也写了一篇诔文，得到刘骏的褒奖：“超宗殊有凤毛，灵运复出。”当时的右卫将军刘道隆听到了，一介武夫的他并不知道皇帝是在褒奖谢超宗的文采，竟然真的以为谢超宗家里有凤毛，便一直在谢超宗家门口等到天黑才作罢，成为古今笑谈。

凤毛麟角

最初“凤毛”“麟角”是分开用的，“凤毛”一语便是出自《南史·谢超宗传》：“超宗殊有凤毛，灵运复出。”而“麟角”语出《蒋子万机论》：“谚曰：学如牛毛，成如麟角。”两词合用首见于《四友斋丛说·文》：“康对山之文，天下慕向之，如凤毛麟角。”

“凤毛麟角”，人们常以此成语比喻珍贵不可多得之物。

萧道成即位后，任命谢超宗为黄门郎，当时需要撰写郊庙歌[郊庙歌：乐府歌曲名。古代帝王祭祀天地神祇和祖先所用的乐章，多为赞美祝颂之语]，萧道成诏令十人来作此文，最终选中了谢超宗的一篇。谢超宗不仅继承了祖父谢灵运的才华，谢灵运性格疏狂的影子在谢超宗身上也不难觅见。他倚仗自己的才华，时常在任上醉酒，酒后更有失言、失德之行。他因仪礼有失被降职为南郡王萧子夏的中军司马，因此心中极为不满，别人问他：“以后再有朝廷的任命，该在何府衙？”他回答说：“不知是司马，还是司驴；既然是驴府，应该是司驴。”这些话被奏报朝廷，谢超宗因此被免官，并被禁职十年。

但是这些责罚还是没能阻止谢超宗的率性妄为。一次，司徒褚渊护送湘州刺史王僧虔，路过栈道时，不慎跌落水中，又有仆射王俭因拉车的牛被惊吓而掉下车。当时，谢超宗正在王僧虔的船上，看到他们狼狈不堪的样子，拍着巴掌嘲笑说：“落水三公，坠车仆射。”见到褚渊从水中出来，又大笑说：“看来真有天理啊，那个人天不容，地不受，投给河伯，河伯也不要。”褚渊大怒：“穷书生真是无礼。”谢超宗回答说：“我不因出卖袁、刘而富贵，当然是穷书生。”这些看似揶揄实则犯忌的言语广为流传，自是引来别人对他的记恨。

齐武帝萧赜即位后，谢超宗的亲家张敬儿因被传有谋逆之心而受到诛杀，谢超宗对丹阳的府尹李安人说：“往年杀韩信，今年杀彭越，不知你有何打算？”李安人将这些话禀告给了萧赜，萧赜早就对谢超宗的轻薄傲慢有所不满，此次一并发作，将谢超宗逮捕入狱，谢超宗一夜白头。后诏令将其流放，还未到流放地，又下令让他自尽。

当时，谢超宗的门人王永先在谢超宗死后，上表诬陷他的儿子谢才卿，朝廷没有相信，但王永先还是将其害死。

2.谢瀹

谢瀹，字义洁，谢庄之子，谢弘微之孙。当初，谢瀹的哥哥谢朏到吴兴赴任，谢瀹为他送别。临行前，谢朏指着谢瀹的嘴叮嘱说：“这里只能用来喝酒。”意为让他少言寡语以避灾祸。自此，谢瀹也的确终日酣饮，度壶中日月，但是骨子里的不羁却并没有因此而改变。萧赜死后，他的孙子萧昭业即位，即位后荒淫无道、挥霍无度，被萧鸾领兵废黜，而后萧鸾拥立萧昭文为帝。随从惊慌地将此事禀告给谢瀹，当时的谢瀹正在和客人下围棋，每下一子便说一句“他应该有所企图”。果然，萧鸾很快就废掉了萧昭文，然后自立为帝。萧鸾即位后，谢瀹便称病不理政务。当时，萧谌领兵到谢瀹府中逼迫他处理公务，谢瀹说：“天下事，有公卿处理足矣；况且生死由命，何必以死相要挟呢！”

后来，萧鸾宴请群臣，尚书令王晏等人都起身离席纷纷向萧鸾敬酒，唯独谢瀹一人没有起身，他说：“陛下受命于天，王晏却以为是自己的功劳。”当献酒的酒器传到谢瀹那里时，他将酒器放在一旁没有传下去。萧鸾只得尴尬地大笑以解围。宴席之后，王晏请谢瀹同乘一辆车，以向他示好，但却遭到谢瀹的讥讽。当初，朝廷赏给王晏二十人的班剑仪仗，谢瀹便问王晏：“我家太傅[谢安]凭借功绩才得到六人，你做了什么事突然得二十人？”王晏很是忌惮谢瀹，对别人说：“谢瀹是个凌驾于别人之上的人，很难跟他对话啊。”所幸，谢瀹的这种个性并没有受到萧鸾的怪罪。

永泰元年（498年），刚任散骑常侍、太子詹事的谢瀹去世，被追赠金紫光禄大夫。

3.谢朓

谢朓，字玄晖，谢述之孙。谢朓自小喜爱读书，少有美名，精于草书和隶书，文章以清丽见称，尤擅五言诗，在山水诗的创作上取得了极高的成就，与“大谢”谢灵运并称，世称“小谢”。沈约评价谢朓的诗说“二百年来无此诗”，萧衍也对谢朓的诗做了很高的评价，称“三日不读谢（朓）诗，便觉口臭”。只不过在昏昧的朝廷治下，再大的才气也无法阻止他成为一个政治上的悲剧人物。

谢朓生活在齐王朝政权最幻变的时期，在其三十七岁短暂的一生之中经历了两次密谋叛变，都将他牵涉其中，虽然他都以同一态度处置，但却得到两种不同的结局：一是得以迁任高官，一是身陷囹圄而死。

谢朓的岳父王敬则是萧道成的心腹之臣，萧鸾即位后对旧臣颇为忌惮，王敬则害怕遭到萧鸾的诛杀便意欲谋反。谢朓知道后将此事密报朝廷，王敬则被诛杀。虽然因为检举之功，谢朓升任尚书吏部郎，但也因此招来妻子不共戴天的仇恨，王氏欲报杀父之仇，常常怀藏利刃，因此，谢朓对妻子一直避而不见。到谢朓临死时回想起这件事，叹息说："我不杀王公，王公却因我而死。"

令谢朓没有想到的是，第二次的谋反密报却给他带来了灭顶之灾。萧鸾死后，其子萧宝卷即位，昏庸的萧宝卷即位后便开始滥杀大臣。当时人人自危，江祏和江祀二兄弟欲立始安王萧遥光为帝，萧遥光也派了自己的心腹之臣刘沨向谢朓表达此意。但是，谢朓害怕受到牵连，便将此事告知左兴盛和刘暄，刘暄此时已投诚于萧遥光，萧遥光和江祏知道谢朓的心意后便罗织罪名，上表谢朓的种种恶行，昏庸的萧宝卷下令逮捕谢朓，最后，谢朓死于狱中。

（三）南梁时期的谢氏子弟

永元二年（500年），时任齐王朝雍州刺史的萧衍召集部下废掉了治国无方却残暴异常的萧宝卷，而后拥立萧宝融为帝。两年之后，他废帝自立，建立梁朝政权。萧衍在位四十八年，晚年时发生了"侯景之乱"，这次战乱给原本就危在旦夕的谢氏子弟以致命一击，亲属都四散逃亡，有的死于战火，有的失去联络，“侯景之乱”成为压垮谢氏家族的最后一根稻草。

1.谢朏

谢朏，字敬冲，谢庄之子，谢弘微之孙。谢朏幼时聪慧，妙笔生花，十岁时就能写出佳篇名作，曾作《洞井赞》一文，得到了梁武帝萧衍的赞许。

“千金”的由来

谢朏深得父亲谢庄的喜爱，常常被谢庄带在身边。一次，谢朏随谢庄游览土山，谢庄命他写一篇游记，谢朏援笔便成。宰相王景文曾对谢庄说：“令郎真可称得上是神童啊，将来一定会飞黄腾达。”谢庄拍着谢朏的背说：“你真是我们家的千金啊。”

“千金”一词，自古有之，自谢朏被称为“千金”开始，才用来指人，但一直用来比喻出类拔萃的少年男子。直至元代以后，才把少女称作“千金”或“千金小姐”。最早的记载见于元代张国宾的杂剧《薛仁贵荣归故里》：“你乃是官宦人家的千金小姐，请自稳便。”

萧道成在任骠骑将军时，有禅代刘宋政权的打算。其时，谢朏任他的左长史，萧道成打算让谢朏辅佐他篡位，便将自己的意图暗示给谢朏，谢朏很快领会了萧道成的意图，但却没有迎合萧道成，反而出言劝阻。萧道成很不高兴，于是提拔王佥为左长史，迁谢朏为侍中。等到萧道成要登基时，按照仪礼，侍中要亲自解下宋顺帝身上的玉玺并交给萧道成，但谢朏却假装不知此事，别人告诉他后，他却说：“齐国应该有自己的侍中。”于是，拿过枕头倒头睡去。无奈之下，朝廷只得命王佥奉玉玺。过了不久，萧赜对萧道成说应该诛杀谢朏，萧道成说："杀了他，正好成就了他的名声。不如随他去吧。"而后，谢朏又分别出任义兴和吴兴太守。

梁武帝萧衍即位后，十分推重谢朏，征召他为侍中、特进、左光禄大夫[特进、左光禄大夫：都为加官、褒赠之官，无实职]，但谢朏推托不就，萧衍又命人劝说，谢朏才同意任职，萧衍下诏命其任侍中、司徒、尚书令。只是谢朏为人贪婪，又很少亲自处理政事，所以受到大家的非议。

天监五年（506年），改授谢朏中书监、司徒、卫将军，只可惜他上任不久就撒手人寰。萧衍亲自去哭吊，赠谥号"孝靖"。

2.谢览与谢举

谢览和谢举都是谢瀹之子，父子三人都曾任吏部侍郎，兄弟二人还都担任过太守，一个在吴兴，一个在吴郡，在任上也都颇有政绩，受到时人的赞誉，世称"王有养炬["养"指王筠，"炬"指王泰]，谢有览举"。

谢览，字景涤。天监十二年（513年），谢览出任吴兴太守，当时中书舍人黄睦之家在吴兴一带，黄家子弟仗势专横无礼，前几任太守都趋炎附势，对黄氏子弟的胡作非为不加约束。谢览赴任时，黄家子弟们便前来迎接，想接续前面官官相护的老传统，但是谢览却赶走他们迎接的船，还杖责了通风报信的小吏，自此，黄家子弟便收敛了其为非作歹的行为。当时吴兴郡内盗贼十分猖狂，谢览也一下治理好了。可惜三十七岁时，他就死在了任上。

谢举，字言扬。崇尚老庄之风，并精通佛理。在任吴郡太守时，其声誉和政绩都堪比"何吴郡"[何吴郡：何敬容，因为在吴郡有政绩，所以被世人称为"何吴郡"]。谢举又先后任尚书右仆射、尚书左仆射等宰辅要职，但他一直不愿意参与实务，经常以病为由请辞官职。后来遇北朝东魏的武将侯景来降，谢举和诸臣都表示反对，但是萧衍没有采纳，最终，爆发了“侯景之乱”，谢举死于围城之内。

3.谢几卿

谢几卿，谢超宗之子，谢灵运的曾孙。谢几卿擅长玄理，亦通儒学，性格不羁，不受礼法的规束。一次他参加一个饮宴聚会，还没有喝畅快宴席就结束了，离席后谢几卿把车停到路边，又跟三个仆役对饮起来。在过去与下人共饮是很失体统的事，但是谢几卿开怀畅饮，侃侃而谈，旁若无人。

普通六年（525年），谢几卿随军北上讨伐北魏，出发前，仆射徐勉为他送行，徐勉说：“淮水、淝水战役，谢氏前人屡建奇功，不知谢氏的后辈如何？”谢几卿听出了徐勉的弦外之音，应答道：“现在的徐氏非昔日徐氏可比，后来的谢氏为何一定要对先辈感到愧疚呢？”

谢几卿两次被免官，赋闲在家时常常呼朋引伴，放歌纵酒，不以别人的褒贬为意。由于他个性放纵不羁，又不重视仪表，与人意见相悖时就会肆意对别人辱骂，所以多与人不合。

虽然对外如此，谢几卿家中却是一片和乐，阖家其乐融融，他的兄长谢才卿去世得早，侄子谢藻交由谢几卿抚养，被照顾得十分妥帖周到。

（四）南陈时期的谢氏子弟

“侯景之乱”让原本就危机四伏的梁朝雪上加霜，在讨伐侯景过程中，出任西江督护、高要太守的陈霸先渐渐树立了威望。灭掉侯景之后，陈霸先拥立萧方智为帝。太平二年（557年），陈霸先废梁敬帝，自立为帝，建立陈王朝，是为陈武帝。陈朝在陈武帝及陈文帝陈蒨的治下出现了短暂的清平时局。陈蒨死后，皇太子陈伯宗即位，并由陈蒨的弟弟陈顼辅政，陈顼以陈伯宗个性懦弱、难当大任为由将陈伯宗废黜，自立为帝，并立世子陈叔宝为太子。及至陈叔宝即位时，北方已被隋朝统一，全国的统一已指日可待，到了隋朝，谢氏子弟已经湮没于人海之中，不可查考了。

1.谢贞

谢贞，字元正，谢蔺之子，谢安的第九世孙，以孝行著称于世。谢贞自幼聪慧，性情淳厚，他的祖母受中风之苦，发病时无法进食，只有七岁的谢贞，见祖母不吃，他也不吃。母亲王氏教他《论语》和《孝经》，读完即可成诵。到了十三岁，可略通“五经”的要旨，又十分精熟于《春秋左氏传》，谢贞还十分擅长草书、隶书和篆书。

“侯景之乱”时，谢氏的亲属大多失散或丧命，谢贞容身的江陵一带被攻陷，他被俘至长安，他的母亲在宣明寺出家。当时的长安是北周的国都，他受命侍奉北周的赵王宇文招读书。由于思念母亲，他每到独自一人时便暗自垂泪，直到二十多年后的太建五年（573年），谢贞才得以回归故土，回来后被任命为侍郎。太建九年（577年），陈宣帝陈顼的次子始兴王陈叔陵任扬州刺史，谢贞被征召为主簿。陈叔陵性情卑劣、狠毒残暴，却很得陈顼的疼爱。谢贞不得已只能赴任，因看出陈叔陵心怀异志，故谢贞不与陈叔陵亲近，每次宴游，都以疾病为由推辞。

太建十一年（579年），陈叔陵的生母彭氏去世，当时晋朝的王公贵族多安葬在梅岭，所以陈叔陵启请将母亲彭氏安葬在梅岭，谁知他竟然看上了谢安的坟茔，于是，命人挖开谢安的旧墓，弃其棺柩来安葬自己的母亲。谢安是谢氏家族之精神领袖，而此时，他的子孙连谢安的坟茔都无法保护了。谢氏家族的权力和影响力都已跌至谷底，是再无重振的可能了。

太建十四年（582年），陈宣帝陈顼去世，陈叔陵趁机谋害太子陈叔宝，但是没有成功，陈叔陵被斩首。陈叔宝登基后，当时的尚书上奏称："谢太傅是晋朝的佐使大臣，辅江左创立政权，却被斫棺露骨，实在令人震惊。……臣等合议，请求依照宋代旧例，把他[陈叔陵]的尸体流到江中，污毁他的房舍，并毁弃彭氏的坟墓，归还谢氏的墓地。"朝廷从其所奏。

陈叔宝又命谢贞入宫掌管中宫管记[管记：古代对掌管文书工作等官职的通称]，后入南平王府掌记室[记室：主上表章之事]事。因帮周确写让表[让表：古代辞让官职的奏章]而被陈后主所赏识，并说："谢贞在南平王家没有俸禄，赐给他一百石米。"至此，谢氏家族经济上的破落也可见一斑了，当初，谢家日费百金谋求一宴之欢的鼎盛早已恍若隔世了。

至德三年（585年），谢贞为母丁忧离职，因哀恸过度而身体受损，不久也离世了。

2.谢靖

谢靖，字依仁，是谢贞之子。谢贞离世时，谢靖只有六岁，谢贞将谢靖托付给族人谢凯和好友姚察。谢靖的事迹已经湮没难考。至此，悠悠绵延三百载的谢氏家族画上了句号。

589年[589年：南朝陈祯明三年；隋开皇九年]，隋文帝杨坚灭陈，结束了中国自西晋末年以来近三百年的分裂局面。同样绵延三百载的谢氏家族也在杨坚登临帝位之时，湮没于茫茫人海。自隋代起，史籍之中再不见陈郡谢氏子弟的身影。这个华丽家族，以不详见于史籍的谢缵为始，又以难见其貌的谢靖为终，谢氏一门的甘苦，恐怕只有令他们一直流连的青山绿水可见证。

在山水中永生

悠悠绵延三百载的陈郡谢氏家族，是两晋南北朝时期最负盛名的文学士族。族中子弟文才相继，世擅雕龙，不仅人人有集，而且作品的艺术成就极高。在家族衰落时，谢氏子弟面对变幻莫测的朝权和荣宠已经心灰意冷，他们开始把目光转向山水之间。凭借家族在文化方面的积累，谢氏子弟创作出了大量与山水相关的优秀文学作品，外在的索求变成内在的修为。谢氏家族的家风，在政局的荒野蔓草之中，开出了文学的永生之花。

谢氏子弟创作的山水诗赋很有特色，不仅打破魏晋之际玄言诗一统诗坛的局面，而且一洗玄言诗“理过其辞，淡乎寡味”的诗风，这些大量的描写山水的清新诗篇也成为中国文学史上山水诗派的奠基之作。

谢氏子弟爱好山水、擅写山水与谢氏家族的好山乐水家风有直接的联系。谢氏子弟自谢鲲起，便形成了怡情山水的家门传统。谢鲲自己曾对晋明帝司马绍说：“端委庙堂，使百官准则，臣不如亮；一丘一壑，自谓过之。”谢鲲的这种纵情于山水丘壑的情怀造就了整个谢氏家族对山水的偏好。谢鲲的文集和诗作多已亡佚，只存《秋夜长》中两句：

送晨晖于西岭，迎夕景于东谷。

虽然写景的笔法还很生硬，但是已开写景诗风。

至谢尚，谢氏家族已有完整的诗篇流传于世，除《大道曲》之外，谢尚存世的诗还有《赠王彪之》中的两句：

长杨荫清沼，游鱼戏绿波。

诗歌言语清新，动静相宜，由树及鱼，开始有了空间的立体感。

谢万曾作《八贤论》言志，他也是以出仕为劣、以隐逸为高。永和九年（353年）的兰亭集会，众名士饮酒赋诗，事后将作品结为一集，当时夺冠的两首兰亭诗正是出自谢万之手：

兰亭诗二首

肆眺崇阿，寓目高林。青萝翳岫，修竹冠岑。

谷流清响，条鼓鸣音。玄崿吐润，霏雾成阴。

司冥卷阴旗，句芒舒阳旌。灵液被九区，光风扇鲜荣。

碧林辉英翠，红葩擢新茎。翔禽抚翰游，腾鳞跃清泠。

两首诗中的写景之句，取景壮观，不仅有声音的传递，还有色泽上的对比，景物描写也形象鲜明。

及至谢安于东山高卧，子侄们在谢安的带领下畅游山水，谢氏子弟开始有大量时间亲近山水，谢安及子侄们均有取景山水的诗篇流传于世，如谢安的《兰亭诗二首》和谢道韫的《泰山吟》《拟嵇中散咏松诗》等诗篇。

谢混是谢氏家族中写山水诗较为出色的一位子弟，他的《游西池》已是相对成熟的全篇写景的山水诗篇了，这篇诗作也被认为是革除玄风、开创山水诗派的第一首诗：

游西池

悟彼蟋蟀唱，信此劳者歌。有来岂不疾，良游常蹉跎。

逍遥越城肆，愿言屡经过。回阡被陵阙，高台眺飞霞。

惠风荡繁囿，白云屯曾阿。景昃鸣禽集，水木湛清华。[“景昃鸣禽集，水木湛清华”两句，正是清华大学校名的由来]

褰裳顺兰沚，徙倚引芳柯。美人愆岁月，迟暮独如何？

无为牵所思，南荣戒其多。

而真正使山水诗取代玄言诗并最终确立山水诗的地位的，是山水诗的鼻祖——谢灵运。谢灵运喜欢山水，他在出任永嘉太守时，时常到山中游历，他也致力于山水诗的写作，是我国第一个大量写山水题材的诗人，他现存的一百零一首诗歌中，有六十多首山水诗。

谢氏家族中另一位山水诗人是谢惠连，他与谢灵运兄弟二人曾同为山泽游，酬答的作品也有山水诗作的佳篇妙文。谢惠连的《泛湖归出楼中望月》，便是“平极净极”的山水佳作。

泛湖归出楼中望月

日落泛澄瀛，星罗游轻桡。憩榭面曲汜，临流对回潮。

辍策共骈筵，并坐相招要。哀鸿鸣沙渚，悲猿响山椒。

亭亭映江月，飂飂出谷飚。斐斐气羃岫，泫泫露盈条。

近瞩祛幽蕴，远视荡喧嚣。晤言不知罢，从夕至清朝。

到了南朝后期，谢氏家族中又出现了一位可与谢灵运比肩的山水诗人——谢朓。在谢朓现存的作品中，山水诗有六十七首之多。在谢朓笔下，山水诗作已经彻底摆脱了玄言诗的窠臼，渐近成熟，如其代表之作

《晚登三山还望京邑》，不仅艺术成就极高，诗中还留下了“余霞散成绮，澄江静如练”这一被千古咏诵的名句。

晚登三山还望京邑

灞涘望长安，河阳视京县。白日丽飞甍，参差皆可见。
余霞散成绮，澄江静如练。喧鸟覆春洲，杂英满芳甸。
去矣方滞淫，怀哉罢欢宴。佳期怅何许？泪下如流霰。
有情知望乡，谁能鬒不变？

仅经过一个家族的书写，山水诗便开始成为中国文人经常创作的一种诗歌题材，古往今来，实属罕见。谢氏家族开创了山水诗派，并且族中子弟还创作了大量日臻成熟的山水诗篇。他们开启了以景见情的山水诗新境界。

“旧时王谢堂前燕，飞入寻常百姓家”，已经销声匿迹千年的谢氏家族从未离开过中国文人的视线，他们不仅创造了三个世纪的华丽传奇，更谱写了千古的黼黻华章。只要山水常青，谢氏子弟的华丽诗篇便能永生；只要山水不灭，谢氏子弟的风流传奇就能永传。

结　语

乱世里，硝烟起，家风，细若游丝。

老子说：“天下莫柔弱于水，而攻坚强者莫之能胜，以其无以易之。弱之胜强，柔之胜刚。”细若游丝的家风柔如春风弱如水，但它在屠戮面前，在强权面前，在朝政更迭面前，从不改色。它穿越时空，一直静静吹拂着、滋养着家族中的每一个子弟。

以儒起，以儒终，以玄显名的陈郡谢氏家族其轮转恍若一瞬，然而刹那芳华，世间已逾三百载。自西晋至南朝陈，历六朝繁衍十余代的谢氏家族，给后人留下了太多的精彩与过往，他们的精神与成就，穿越千年，久久不败。其中既有战争史上淝水大捷的军事神话，也有文学史上山水诗派的开山名篇，至于书法、绘画、音乐等艺术形式，谢氏子弟在这些领域中也都有很高的造诣与成就。

应该说，这些成就无一不是从“雅道相传”的文士家风中脱胎而来，而政治、军事、文艺上的成就又进一步固化着家风，形成了家族强大的向心力与凝聚力。三百年来，谢氏子弟对其家风有承传、有增改，却始终能够执守，被家风熏染的谢氏子弟，他们举手投足间都散发着共同的气质——清虚淡泊、与道逍遥，却又不失儒雅的文士之风。

两晋南北朝时期，朝政更迭，恩宠得失朝至夕改，作为陈郡谢氏这样一个顶级门阀的贵胄家族，家风并不足以改变其荣辱的地位。然而，纵观谢氏家族三百年的绵延，维系其家族门户地位不败的根源——家风，确实占据了重要的地位。家族兴起时，如果没有长辈对晚辈的谆谆教诲，便不会有“芝兰玉树”的优秀子弟相衔而出；家族衰落时，如果没有子弟们对宗族的强烈认同，也不会有他们重振家族的拳拳之心。

伴随家族的兴衰，家风以其镜鉴的作用展示着家族的荣辱，谢氏家族在政治上的失败也可以从其衰落的家风中窥见端倪。但是，被久久传颂和歌咏的只有那些散发着人性光辉的、具有真善美特质的家风。所以在今天来看，令谢氏家族流芳千古的，既不是谢府的深深庭院，也不是谢家的满门爵位和万贯家财，因为这些传家之物都可能因时而起，也会因势而失，唯有优秀的家风才是令谢氏精神永生的传家之宝。

当金戈铁马的杀敌之声渐远渐弱，当官印笏板带来的朝权渐渐褪去颜色，只有从东山上传来的谢氏子弟的读书声还声声在耳，只有谢氏长辈对晚辈的谆谆教诲还令人念念不忘。一如谢府的堂前之燕，冬去春来，经年不变。

举目现代，中国进入城市化的转型时期，不仅大家族的家庭组合模式已经彻底改变，与之同时发生巨变的还有产业模式、职业分工、交流方式、信息传播方式、人与人的交往方式等。家庭中祖辈的经验与教训，也许很难完全契合如今日新月异的时代变化，中国人累世积累的生活智慧在经历着一次巨大的考问和检验。这些经验被怀疑、否定甚至鄙薄憎恶，这与谢鲲当时一改父亲谢衡的儒士气质而入玄风的背景是何其相似。

然而，纵观谢氏三百年家族史，谢衡留下的“父慈子孝、兄友弟恭、夫义妇德”的儒士家风，非但没有被谢氏子弟弃若敝屣，反而被谢氏子弟在不同时期都进行了强化，儒士家风对谢氏家族发展也起到了巨大的凝聚作用。承袭家风中最优秀的文化和传统以维系家族兴盛，这也是谢氏家风最富生命力之处。除此之外，谢氏家风的可贵之处还在于，谢氏子弟并未完全固守家风，而是能够因时而动、顺势而为地发展家风，让家风不仅能够顺应时代，而且可以张扬每位子弟的个性。

老子曾说：“孰能浊以静之徐清？孰能安以动之徐生？”一味地否定与批判过去，未必能够改变现状，但如果创新地发展祖辈留下的朴素教训与经验，或可令我们前行时不至于“拔剑四顾心茫然”。

家风无大事，无非是衣食住行的传统与习惯；家风无小事，它能影响一个人的品格，决定其生命的广度和深度。它是每个孩子体悟这个世界的第一扇窗，它也是每个孩子学会以怎样的态度去生活的第一个课堂，它更是祖辈和我们自己存在过的最好的证明。

参考文献

[1]（春秋）孙武.孙子兵法[M].上海：上海古籍出版社，2009.

[2]（梁）沈约.宋书[M].北京：中华书局，1974.

[3]（梁）萧子显.南齐书[M].北京：中华书局，1996.

[4]（唐）姚思廉.梁书[M].北京：中华书局，1973.

[5]（唐）姚思廉.陈书[M].北京：中华书局，1972.

[6]（唐）房玄龄.晋书[M].北京：中华书局，1996.

[7]（唐）李延寿.南史[M].北京：中华书局，1975.

[8]（北宋）司马光.资治通鉴[M].北京：中华书局，2009.

[9]许嘉璐.二十四史全译[M].上海：汉语大词典出版社，2004.

[10]田余庆.东晋门阀政治[M].北京：北京大学出版社，2012.

[11]余嘉锡.余嘉锡世说新语注疏[M].北京：中华书局，2008.

[12]萧华荣.华丽家族：两晋南朝陈郡谢氏传奇[M].北京：生活·读

书·新知三联书店，1994.

[13]柏杨.柏杨版通鉴纪事本末[M].北京：中信出版社，2008.

[14]孙培青.中国教育史[M].上海：华东师范大学出版社，2000.

[15]罗琨，张永山.中国军事通史[M].北京：军事科学出版社，1998.

[16]刘长旭.东晋琅琊王氏家族述略[J].历史教学，1997（11）:30—32.

[17]高丽霞.东晋颍川庾氏由盛而衰探微[J].丝绸之路，2013（2）：64—65.

[18]黄惠贤.谢鲲年表[J].魏晋南北朝隋唐史料，1994（12）:19—29.

[19]薛君立.晋宋之际门阀政治的衰落与皇权的重振[J].汕头大学学报，1993（7—3）:53—58.

[20]王永平.刘裕、刘毅之争与晋宋变革[J].江海学刊，2012（3）：152—163.

[21]周兆望.北府与北府兵[J].江西大学学报（哲学社会科学版），1986（4）:30—36.

[22]万绳楠.五斗米道与孙恩起兵[J].江淮论坛，1981（5）：53—57.

[23]郭丽.魏晋南北朝时期文学家族的兴盛及诗歌创作特点——以陈郡谢氏家族为中心[J].中国韵文学刊，2011（4）：13—21.

[24]周昌梅.六朝陈郡谢氏家族文学研究[D].武汉：华中师范大学博士学位论文，2005.

[25]刘传芳.谢惠连考论[D].厦门：厦门大学硕士学位论文，2008.